ささえる　つながる　ひろがる

物語［ナラティブ］で学ぶ
ケアマネジャーのための
ソーシャルワーク実践

福富　昌城
小長谷　恭史
佐賀　由彦

第一法規

はじめに

利用者のニーズと社会資源を結び付ける支援方法であるケアマネジメントは、高齢者介護領域を中心として、さまざまなところで活用されるようになりました。しかし、このケアマネジメントは単にサービスを紹介して、使えるように手助けするだけではありません。利用者との最初の出会いから継続してなされる相談面接や利用者の権利擁護、さまざまな社会資源間の調整、必要な社会資源がない場合にはそれをつくる取り組みなど、質の高いケアマネジメント実践を行うためになすべきことはたくさんあります。さらに、自身の支援の質を高めるためにスーパービジョンを活用していくことも重要です。

本書は、「面接・アセスメント」「サービス調整・多職種連携」「地域資源の活用・開発」「権利擁護」「スーパービジョン」という五つの切り口からケアマネジメント実践の質を高めるための学びを提供しています。各章にはケアマネジャーの支援の実際を理解しやすいように物語（**Narrative**）を置き、その中で展開されているケアマネジャーとしての思考、実践とその根拠を記すことで、ソーシャルワークを実践するケアマネジャーについて、読者のみなさんの理解が深まりやすい構成にしています。各章から学んでいただいたことを、みなさんの日々の実践に生かしてください。

２０２２年10月　　福富　昌城

ささえる・つながる・ひろがる
物語〔ナラティブ〕で学ぶ ケアマネジャーのための
ソーシャルワーク実践
目次

第3章　地域資源の活用・開発

第5章　ケアマネジャーのスーパービジョン

※本書のNarrativeに登場する人物、団体は全て仮名です。

序章　ケアマネジメントとソーシャルワーク

1　ケアマネジメントとソーシャルワーク

ジョンソンとヤンカが著した『ジェネラリスト・ソーシャルワーク』の中に、ケアマネジメントに関する次のような記述があります。ケアマネジメント（Care Management）はアメリカではケースマネジメント（Case Management）と呼ばれていますが、両者は同じような内容を示す言葉だと思ってください。

「ケースマネジメントは調整的なサービス提供のアプローチとして大いに注目されている。児童福祉、精神保健福祉（とりわけ長期の精神障害）、知的障害、及び高齢者の分野で特に有効性が指摘されている。（中略）ケースマネジメントに関しては、ケアの継続性と最大限の機能遂行という二つの目標がよく論じられる。（中略）ケースマネジメントでは、ソーシャルワーカーは直接的アプローチと間接的アプローチの双方を用いる必要がある。複合的な問題を抱えるクライエントの幅広いニーズを充足できるようさまざまな戦略を組み合わせることこそジェネラリストのソーシャル

ワーク活動なのである」（ジョンソン、ヤンカ／山辺、岩間訳 2004：489―491）

また、全米ソーシャルワーカー協会（National Association of Social Workers）はソーシャルワーク・ケースマネジメント基準（1992年）の中で、「ケースマネジメントは、有能なソーシャルワーク実践における大切な専門的構成要素であり続けている」と記しています（全米ソーシャルワーカー協会編／日本ソーシャルワーカー協会訳 1997：105）。

日本では、介護保険制度に組み込まれたことで広く知られることになったケアマネジメントですが、ケアマネジメントはソーシャルワーク実践の中の重要な介入方法の一つなのです。

国際ソーシャルワーカー連盟（International Federation of Social Workers）が2014年に示した「ソーシャルワーク専門職のグローバル定義」によれば、ソーシャルワーク実践とは生活課題を抱えた人に働きかけると同時に、その人たちを取り巻く社会環境に働きかけ、人々のウェルビーイングを高めようとする営みであるとされており、その営みにおいて、ケアマネジメントは重要な方法だと考えられています。このように考えると日本のケアマネジャーは、介護保険領域で活動するソーシャルワーク実践を行う対人援助専門職と言えるのです。本書の物語に登場するケアマネジャーたちも、それぞれが利用者個人に働きかけると同時に、利用者を取り巻く環境にもさまざまな方法を用いて働きかけ、利用者がより良く暮らせる状況をつくり出す手助けをしています。

2　ニーズと社会資源の結び付け

アメリカでケースマネジメントが生まれた背景には、大規模精神科病院を解体し、入院患者を地域へ帰す脱施設化と地域精神保健活動がありました。しかし、病院から地域に帰った元入院患者が、地域生活の中で必要なサービスを得られない状況に置かれてしまうと症状が再び悪化し、再度精神科病院に入院するという「回転ドア現象」が起こってしまいました。そのため、さまざまな州では退院患者を必要なサービスと結び付けるようにする試験的な取り組みを始めました。こうしたさまざまな取り組みがケースマネジメントという一つの支援方法に整理されていったのです。

ここから、人間には、その生活を送るために満たさなければならないもの（ニーズ）があり、人間の生活は、それぞれのニーズ充足を図ることができる社会資源とつながることによって成り立つものだということがわかります。そして、要介護状態になった高齢者やその家族は、生活を送る上でニーズ充足を図ることができるサービスを紹介してくれ、利用できるように調整を図ってくれる存在、すなわちケアマネジャーがいることによって、さまざまな社会サービスやサービス供給システムに精通していなくても、つまりヘビーユーザーでなくても必要なものを手に入れることができるのです。

こうしたニーズを持った人とそのニーズを満たす社会資源を結び付ける機能は仲介機能と呼ばれ、ケアマネジメントの中核的な機能の一つです。私たちがケアマネジメントについて考えるとき、サービスの紹介と活用までの支援がまず頭に思い浮かぶのは、こういうわけなのです。

3　環境への働きかけ

しかし、介護保険制度がつくられ、そのメニューとしてさまざまなサービスが整備されていった後でも、すべての利用者の問題が解決したわけではありません。ニーズと資源の結び付けだけでは、うまくいかない問題が残っていたのです。

例えば、利用者のニーズを満たすことができる社会資源がないとか、あってもサービスの質が十分ではないということが考えられます。前者であれば新たに社会資源をつくる必要があり、後者であればすでにあるサービスの質をチェックし、問題の修正・質の向上を図る必要があります。このように、社会資源側に働きかけていくことも、大切な支援の方法となります。

ケアマネジャーが実践するケアマネジメントとは、さまざまな社会資源の活用や調整を通じて支援を行う方法です。そのため、利用者に結び付ける社会資源がないか、質に問題があることでニーズ充足が図られないという事態が起こったとき、それを最も見つけやすい職種はケアマネジャーなのです。近年では、地域ケア会議を通じて地域課題を発見し、それを積み重ねることでその地域のサービス供給システムの問題解決を提案、模索していくことは、地域包括ケアシステムの構築や進化／深化にとって重要な視点となっています。ケアマネジャーはこのような方法を用いて、利用者を取り巻く環境に働きかけ、その環境をより良いものに変化させることができます。そして、それを通じてその利用者を、またその利用者と同じような生活課題を抱えた多くの人たちを助けることができるのです。

4　利用者理解が支援を左右する

しかし、さまざまな社会資源を結び付けようとしても、うまく支援ができないことがあります。そのような場合、私たちはその利用者に「支援困難事例」というレッテルを貼ってしまいがちです。しかし、支援困難事例は「援助者側の思うように支援が展開しない場合」に使われるもので、「職業意識を持っている援助職者が、アセスメント力を備え、実際に役に立つ支援能力があれば、決して『困難』という言葉は出てこないはず」だという指摘があります（奥川　２００２：13）。

このアセスメント力について参考になるのがソーシャル・ケースワーク（以下、ケースワーク）の考え方です。ケアマネジメントが日本に紹介され始めたのは１９８０年代中頃ですが、それまでソーシャルワークの支援方法の中心的なものはケースワークでした。ケースワークにもさまざまなモデルがあるのですが、その主流モデルの一つに心理社会的アプローチがあります。このアプローチは、クライエントとの面接を通じ、ソーシャルワーカーがクライエントに語りを促し、さまざまな問いかけを用いることで、クライエントが自分の現在直面している問題について深く考え、その解決の方策を見つけ出していくことを目的とします。心理社会的アプローチは精神分析や自我心理学から大きな影響を受けているため、クライエントの視点を周囲に対する自分自身の反応や、自分の生育歴から形成されているパーソナリティが問題にどのように影響しているかを掘り下げ、それをクライエント自身が気付くことを重視しました。この心理社会的アプローチにおいてソーシャルワーカーが用いる技法の中の一つに環境的処置、つまり社会資源の活用があります。これは、クライエントを取り巻く環境の中にある社会資源を活用することで、クライエントのニーズの充足や問題の解決を図ろうとすることです。このように、古典的なソーシャルワークの理論の中に、社会資源を使って支援を行う方法が組み込まれていました。それが発展したのがケアマネジメントであり、ケアマネジメントとは相談援助における情報提供・送致（リファーラル）サービスを高度化させたものと理解することもできます（白澤 1992：11）。

しかし、適切な社会資源を紹介しても、うまく支援が展開しないのはなぜでしょうか。それは、利用者その人の生活観や価値観など、その人の行動原理を理解することなしに、状況を客観的に理解して、必要と思われるサービスを紹介するだけでは不十分だということでしょう。この点で、ケースワークが持っていた利用者理解の視点が参考になります。本書の物語を読んでいただければ、利用者がなぜそのような言動を取るのか、その理解なしに支援は進まないことがよくわかると思います。

人間の生活は、個人とそのニーズを充足する社会制度との間で結ばれる関係によって規定されるという考え方があります。そしてその考え方によれば、この関係は制度側から個人に求められる「客体的側面」と、個人がさまざまな関係性の中から生活の主体者として選び取っていこうとする「主体的側面」の両側面から成り立つのです（岡村　１９８３：84―92、95―97）。この視点は、生活とは外部から資源や情報を取り入れることであるが、その取り入れる過程には個人の持つ「価値観、生活観、習慣」といったフィルターが介在しているという考え方とも重なります（竹内　１９９６：14―15）。人の生活をこのように考えると、利用者のアセスメントにおいて「クライアントの価値観・人生のゴール・思考のパターン」（渡部　２０１９：68―69）を知ることが、利用者の行動原理の理解につながることがわかります。本書においても、物語やその解説の随所で利用者の行動原理を生活歴から理解することや利用者の価値観を理解することが、利用者の言動を理解することにつながり、それが支援に生かされることが述べられていますので、注目してみてください。

5　問題に目を向ける　強さに目を向ける

何らかの生活問題を抱えている利用者は「困りごと」を抱えた人であり、援助者である私たちはその困りごとの解決を手助けする役割を担っています。利用者は「困っている」状態にある人であり、ケアマネジャーはさまざまな社会資源を活用・調整することを通じて、その困りごとの解決を図ろうとします。その際、「何」が「どのように」困っているのかを明確にし、その困りごとが「なぜ」起こってくるのかを明らかにすること（アセスメント）が、解決のための手だて（社会資源の活用・ケアプランの立案）を導き出すために不可欠になります。

ケアマネジャーはさまざまな情報を収集し、統合し、分析することで、そこから最適な解決策を導き出そうとします（渡部、2013：3）。この際、問題を見逃すことは致命的な失敗につながるため、現に起こっていること（顕在化している問題）、さらに現状から今後生起してしまう恐れのある問題（潜在化している問題）を見逃すことなく、手だてを講じることは重要なことと言えます。

しかし、問題に焦点化するあまり、利用者その人の持つ強さ（strength）を見逃してしまうことは往々にして起こり得ることです。ジェネラリスト・ソーシャルワークでは、利用者の弱さだけでなく、強さに着目します（デュポア、マイリー／北島監訳、上田訳 2017：269）。そして、その強さをケアプランに組み込むことができるかを考えます（渡部　２０１１：58）。では、「強さ」とは何でしょうか。精神障害者のケアマネジメントの立場からは、強さとは「熱望・能力・自信」であるといわれています（ラップ／江畑監訳　１９９８：50―56）。加齢に伴い心身の機能が低下していく時期にある高齢者の支援を考えると、「してきたこと、自負心」もまた強さと考えられると思います。さらに、「熱望・能力・自信」といった個人の側の強さに加えて、「資源・社会関係・機会」といった環境側の強さが利用者の生活の場に整うことで、生活の質が高まるという指摘もあります（ラップ、ゴスチャ／田中監訳　２０１４：66）。

こうした観点からは、ケアマネジャーは利用者の強さに目を向け、あるいは強さを意識的に探すようなアセスメントを行うことが求められていると言えます。しかし、利用者の強さを探すためには利用者との信頼関係の構築とケアマネジャーの注意深い観察力が必要になります（白澤　２００９：14―15）。この援助関係構築のためには、利用者その人が自身の生活の現状をどのように捉え、何を大切にしようとしているのかを理解しようとする利用者理解の視点が不可欠となります。また、利用者が持っている強さを十分に発揮できない状況では、周囲の環境側の要因が影響していることが多々あります。ケアマネジャーは、利用者に関わる人たちに対し、利用者の思いを理解してもらえるように働きかけ、利用者が強さを発揮しやすいような環境づくりに取り組み、それによって利用者が元々持っている力を発揮できるように支援するエンパワメントの視点も持つ必要があります。

6 サービス調整と多職種連携

ケアマネジメントは社会資源の調整を主機能とした支援方法です。その意味で専門性の異なる援助者やインフォーマルな支援者が、ケアプランによって共通の目標と役割分担を共有しながら利用者の支援を行えるようにしていくことが大切になります。また、ケアマネジメントには、支援方法という側面とサービス供給システムという側面があります。後者については、複合的なニーズを持った高齢者に対して、ケアサービスの連続性と統合を向上させることで、ケアの質・アクセス・効率性を改善する「統合ケア（integrated care）」が必要であるという指摘があります（筒井 2014：33）。この統合ケアのタイプには、①システム的統合（systemic integration）、②規範的統合（normative integration）、③組織的統合（organizational integration）、④管理的統合（administrative integration）、⑤臨床的統合（clinical integration）があるとされますが、日本の現状からは、ケアの継続性を図るために適切なサービスを利用者に紹介することや関係専門職間のコミュニケーションを図る等の取り組みが重要であると指摘されています（同 43—45、53—54）。これはまさに、ケアマネジメントが担う課題です。さまざまな社会資源をケアプランに位置づけることで、利用者が抱える複数の多様なニーズの充足を図ろうとすることは、ケアマネジャーが果たす役割と言えます。

こうした機能は「多職種連携・協働」と呼ばれ、また近年ではインタープロフェッショナルワーク（Inter-Professional Work：ＩＰＷ）と称されるようになってきています。ＩＰＷは「複数の領域の専門職（住民や当事者も含む）が、それぞれの技術と知識を提供しあい、相互に作用しつつ、共通の目標の達成を患者・利用者とともに目指す協働した活動」（埼玉県立大学編　２００９：13）と考えられており、その特徴は、①複数の領域の専門職が共通目標を持つこと、②専門職間で学び合うこと、③複数の領域の専門職が協働すること、④利用者がケアに参加・協働すること、⑤組織的な役割と機能を分担することにあると考えられます（西梅ほか　２０１１：60、85）。

ＩＰＷはさまざまな専門職が多職種連携・協働の意義を理解することによって成り立つのですが、それぞれの専門職は自らの立脚する専門性に基づいて利用者をアセスメントし、その専門性に基づく支援を提供しようとします。そのため、サービスの調整役であるケアマネジャーにはそれぞれの専門職が何を大切にし、何を重要視して、どのように利用者に対して支援を提供しようとするかを理解し、それぞれの支援の有効性が発揮されやすいように調整することが求められます。このように考えると、ケアマネジャーがアセスメントすべきは利用者とその生活問題だけでなく、利用者の支援に関わるフォーマル・インフォーマルな社会資源も含まれると考える必要があるのです。

7　アドボカシーの視点と、スーパービジョンによる支援の質の向上

人の生活は、ニーズを充足できる社会資源との結び付きで成り立つものであると述べました。もしそうであるならば、生活問題とは、その社会において用意されているさまざまな社会サービスとうまく結び付くことができていないことによって起こることだと言えるでしょう。つまり、生活問題を抱える人たちを、「多くの人たちができているニーズの充足が妨げられている状態に置かれている人たち」と見ることができます。それは、その社会で一般的に享受される権利が侵害された状態に置かれた人たちと言い換えることもできると思います。

ソーシャルワークは伝統的に、その社会で暮らす人たちが受けることができる生活水準を享受できない人たちに対して、それを代弁することやその人たちが自ら訴えることを助け、生活水準の回復を後押しする働きをしてきました。こうした働きはアドボカシーと呼ばれ、以前は代弁や弁護、近年では権利擁護という訳語があてられています。ケアマネジメントは、このように自らの権利を行使できず、生活問題を抱えている弱い人たちへのサービス提供の支援と、十分に機能していないサービス供給システムへの働きかけという二重の責務を担っています（ローズ編／白澤ほか監訳1997：354）。つまり、利用者の権利を守り（アドボカシー）、利用者の持つ強みを発揮しやすいよ

うな状況をつくっていく（エンパワメント）ことは、ケアマネジメントの大きな特質なのです。

しかし、実際には1人のケアマネジャーが持つ知識や技術、経験だけでは、利用者の抱える困難な状況を分析し、その改善策を見つけ出すことは難しいかもしれません。その際、スーパービジョンがケアマネジャーを助けてくれることになります。スーパービジョンという言葉を聞いたことがある方も多いと思いますが、カデューシンによれば、スーパービジョンとは、次のように定義されます。

「ソーシャルワーク・スーパーバイザーは、スーパーバイジーの責任ある業務活動を指導、協力、発展、そして評価する権限が与えられているところの機関の管理スタッフ・メンバー／資格を持ったソーシャルワーカーである。この責任を実現するために、スーパーバイザーは、建設的な関係の枠組みにおいて、スーパーバイジーとの相互関係の中で、管理的、教育的、そして支持的機能を遂行する。スーパーバイザーの最終目的は、機関の方針と手続きに基づいて、機関のクライエントに、量的にも質的にも、最も可能なサービスを提供することである」（日本社会福祉教育学校連盟監修2015：66）

ケアマネジャーはスーパーバイザーの助けを得ながら、自らが現在行っている支援を振り返り、利用者に対して最良の支援ができるような気付きを得て、それを実践に生かしていくことが求められます。また、スーパービジョンを受ける体験を通じて、ケアマネジャーは自らのアセスメント力や支援・サービス調整のバリエーションを広げていくことができるのです。本書では、単に理論的な解説をするだけでなく、物語を通じて具体的な利用者理解と支援の展開を行っています。これ自体はスーパービジョンではありませんが、本書を読むことでケアマネジャーとしての実践力を高めることにつながるように意図して、本書は書かれています。こうした書籍を通じた学習は人材育成ではセルフ・ディベロップメントに当たりますが、本書を参考にみなさんの職場内、あるいは職場外でのスーパービジョンの機会を活用し、ケアマネジャーとしての実践力を高めていただきたいと願います。

第1章

利用者&利用者家族との面接・アセスメント

Narrative

「母と一緒に暮らし続けたい」と息子は言った

今月のモニタリング訪問を終えて帰るとき、玄関先まで見送りに出た利用者の家族（利用者の妻）が**「そうそう、佐藤さん」と思い出したように呼びかけた**。ケアマネジャーの佐藤時彦《さとうときひこ》さんが「はい、何でしょう？」と振り向くと、家族は声を潜めてささやく。

「奥の突き当たりのあの家」

家族の視線の方向に目をやると、路地の奥に、かなり年季が入った小さな家が見えた。

路地の奥の古びた家

この辺りは、周辺で進む都市開発から取り残されたように狭い路地が入り組んでおり、古びた家が多い。

「平屋建てのお宅ですね」

「そうそう、佐藤さん」と思い出したように呼びかけた

ケアマネジャーなどの支援者が、用件を済ませて辞去しようとドアノブに手をかける瞬間に、非常に重要な案件が被支援者側からもたらされる現象はドアノブコメントと呼ばれています。（55頁「ドアノブコメント（ドアノブタイミング）」参照）

佐藤さんも声を落とす。

「あそこのおばあさん、朝早く出歩くのよ。私とか、近所の誰かが気が付けば、家まで連れて帰るけど、いつも見張っているわけにはいかないしね」

いわゆる「徘徊《はいかい》」を指していることは、職業柄ぴんときた。ただ、「徘徊」という言葉は、認知症の人への誤解や偏見につながる恐れがあるため、「ひとり歩き」などへの言い換えを推奨する自治体も出てきている。

「すみません、中でお話を伺ってもよろしいでしょうか？」

家族は玄関内に戻りながら、「ぼけちゃったのね」とつぶやいた。

「お一人でお住まいなんですか？」

「息子さんがいるはずよ」

「はずというのは？」

「ちょっとね……」

家族は「ちょっとね」に続けようとした言葉をなかなか口にしなかった。言いよどんだ様子に、**佐藤さんは沈黙で応じた**。やがて口を開いた家族との玄関内の立ち話でわかったことを整理する。

・10年ほど前に息子と2人で今の家に引っ越してきた

佐藤さんは沈黙で応じた
沈黙には沈黙で応じることで、非常に重要な情報を得ることができる場合があります。（60頁「沈黙の活用」参照）

・母親は80代、息子は60代
・母親とは形ばかりの近所付き合いがあったが、ここ1年ほどは母親の耳が遠くなったこともあり、疎遠になっている
・息子は、引っ越してきた当初から引きこもり状態である

「田中さんっていうお宅なんだけど、一度、様子を見に行ってくれない？佐藤さんって、そういうお仕事なんでしょう？」

佐藤さんは、知らせてもらったことに礼を言った上で、行政（直営の地域包括支援センター）と一緒に対応することに了承をもらい、家を辞した。

招かれざる訪問者

佐藤さんは、地域包括支援センター（以下、地域包括）に相談を持ちかけ、地域包括から連絡してもらうことにした。

早速翌日、「アポイントが取れた」と地域包括から連絡があり、その数日後に、**地域包括の主任ケアマネジャーと一緒に訪問した**。対応に出たのは息子だった。訪問を歓迎していない表情が見て取れた。しかし、行政職の訪問であり、仕方なく招き入れた感があった。通されたのは茶の間。か

地域包括の主任ケアマネジャーと一緒に訪問した
物語のように、じっくりと面接ができる見込みがなく、短時間で可能な限りの情報収集を行う必要に迫られることもあります。そのため、事前の準備が必要です。（56頁「短時間でも必要な情報収集・課題分析」参照）

なり雑然とした部屋だった。とはいっても、臭いがするわけではなく、最低限の掃除はしているようだ。母親も家にいた。確かに耳は遠い。母親とは十分な対話ができなかったので、認知症の詳しい程度はわからないが、質問への答え方や、母と息子とのやりとりを総合すると、短期記憶の喪失など、認知症の疑いは濃厚であった。

息子の容姿

何よりも驚いたのは、息子の容姿だった。アトピー性皮膚炎ということで、重症だと思えた。顔が赤みを帯びて腫れ上がり、かさぶたや、皮が剥がれた部分がある。首や手の露出部分にも皮疹《ひしん》が出ており、皮疹は全身に広がっていることが予想された。これが、引きこもりの原因なのだろうか。また、アトピー性皮膚炎に見られる眼合併症があるようで、見えづらさがあるようだ。ただ、色付きの眼鏡をしているので、眼の観察はできない。

息子の口数は少なく、私たちを警戒していた。その中で聞き取れた内容を整理する。

・**息子の田中伸人《たなかのぶと》さんが68歳、母親の田中 良子《たなかりょうこ》さんは87歳**

息子の田中伸人さんが68歳、母親の田中良子さんは87歳

息子の伸人さん（60代）と、母親の良子さん（80代）は、2人暮らしであり、引きこもりの伸人さんを良子さんが支えています。これは、典型的な「8050（9060）問題」を抱える家族であると言えるでしょう。親に認知症があったり、子どもが引きこもりの状態にあったりすると、生じる課題は解決困難なものになりがちであるといわれています。

・前に住んでいた借家が取り壊しとなり、10年前に引っ越してきた
・父親とは40年ほど前に死別
・以来、母親と2人暮らし
・アトピー性皮膚炎は、30代の半ばで再発して重症化
・現在、母親・息子ともに医療機関の受診はない

伸人さんの皮膚疾患について聞いたのは、ケアマネジャーの佐藤さんだ。見て見ぬふりは、不自然だと思ったからだ。他方、眼の合併症については聞くタイミングを逃してしまった。地域包括の担当者が、良子さんの出歩きに関する質問を繰り出したのがその理由だ。

「長男の責任」

良子さんの出歩きは、今回の訪問の主たる理由であった。近隣から相談があった旨は、地域包括がアポイントを取る際に告げてある。話が進み、本題への突入となったとき、伸人さんはその回答をすでに用意していた。

「その件に関しては、私が何とかしたいと思います。ご近所にも迷惑をかけないようにします」

伸人さんの言葉に、地域包括の担当者が返す。

「私どもでも、お母さまのお世話についてお手伝いできますよ」

「母を施設にでも入れるんですか？」

「いいえ、そういうことではなくて……」

「入れませんよ、施設なんかには。絶対に！」

伸人さんの口調が強くなった。

「とにかく、大丈夫です。長男の責任で母の面倒は私が見ます」

伸人さんと地域包括の担当者のやりとりを聞きながら、「長男の責任」という言葉が佐藤さんの印象に残った。今どき、あまり聞かない言葉だからだ。

その後、介護保険の説明を行い、地域包括の担当者は申請を勧めたが、伸人さんは「今は、必要がない」ときっぱりと断った。

そのようにして、最初の面接は終わった。退出にあたり、「何かあったらいつでも連絡してください」と申し添えたが、連絡が来る可能性は低いように思えた。

急転直下

ところが半月後、伸人さんから電話があったと地域包括から連絡が入った。**介護保険の申請がしたいのですぐに来てくれと言っているそうだ**。あいにく地域包括の担当者は休暇中であり、一度訪問した佐藤さんに単独で今回の訪問をお願いしたいということだった。

佐藤さんは、早速、伸人さんに電話を入れた。固定電話しかない。10回呼び出し音を鳴らしても出ないので切った。外出はしていないはずだ。トイレか、風呂だろうか。そういえば、家の間取りや水回りの状態すら見せてもらっていない。それとも良子さんに何かあったのだろうか。佐藤さんは、急ぎ田中さん宅を訪れた。

玄関の呼び鈴を押すと、「お母さん出て！」と伸人さんの大きな声が聞こえた。ほどなくして、良子さんが出てきた。あいさつをすると心なしか慌てているように見えた。気がかりなことがあるのだろうか。

部屋に通されると、伸人さんは腰掛けに座っていた。前回の訪問の際は、畳の上に座っていたので、明らかに様子が違う。さらに、前回の拒むような雰囲気とは違い、照れ笑いというか、そのような表情を返してきた。い

介護保険の申請がしたいのですぐに来てくれと言っているそうだ

利用者や家族が「すぐに」と口にしたときは注意が必要です。「すぐに」とは、何らかの問題解決のために、急いですべきことがあると感じたときに発せられる言葉であると言えるでしょう。「すぐに」の背景にある心理的な切迫感を感じ取ることが大切です。

わゆる「やっちまった」という、あの表情だ。

「転んじゃってね。暗いと、よく見えなくて……」

やはり、眼合併症があったのだ。

「2～3日で治るかと思ったら、腫れてきちゃって」と左の足にうらめしそうな視線を送る。

「病院で診てもらったのですか?」

「行きませんよ、あんなところ!」

病院全般なのか特定の病院なのか、医療機関に抱く特別な感情があるようだが、そのエピソードについては、少し後に聞くことになる。それよりも、今回は緊急対応の必要性を感じたので先を急いだ。

「痛みますか?」

「痛い。だけど、そのうち治ると思う」

「病院に行ったほうがいいですよ」

「いや、行かなくて大丈夫。それよりも、母の世話ができなくて、困っている。この間、あなた方が言っていた……」

「介護保険ですね」

「そう、その申請をしてほしい」

「わかりました。私が申請を代行できますが、主治医の先生の意見書が必要です」

「主治医はいないし、病院に行きたくない」

「そうですか。しかし、医師の診断なしに申請はできません。先生がこのご自宅に出向いてくれるとしたら、診察を受けてくださいますか?」

伸人さんは渋々という感じだったが、首を縦に振った。さらに、介護保険の申請は、良子さんと伸人さんが同時に行うことになった。2人には、

申請を巡って

おそらくは要介護以上の認定が出ることは確信できた。申請後にすぐに暫定ケアプランをつくれるよう、アセスメント面接に移った。

面接の内容は省略するが、良子さんへの聞き取りは、身振り手振りを交え、大きな声で行った。その際、伸人さんが横からしばしば介入してきて、佐藤さんは閉口した。例えば、こんな感じだ。

「お母さん、聞かれたことに、早く答えなさい」

おそらくは要介護以上の認定が出ることは確信できた
ケアマネジャーにとって、介護認定の結果を予測する能力は、大切な素養の一つです。作成するケアプランの原案にどのようなサービスを位置づけるのかが、認定結果に大きく左右されるからです。介護認定の結果を予測できないと、「あれが必要、これも必要」と考えることすらできません。

「この人（佐藤さん）も忙しいのに、じれったいなあ」

「そんなこと聞かれてないじゃないか！」

「（佐藤さんに向かって）ぼけてるから、聞いてもわかりませんよ」

佐藤さんは、「どうか、ご本人と直接話をさせてください」「こちらは、時間がかかってもかまいません」などと、伸人さんを優しくいさめ、良子さんについてのアセスメント面接は、本人から聞くことに努めた。

最初のうちは、良子さんに対してぞんざいな口の利き方をしていた伸人さんだが、やがて口調が柔らかくなり、最後は、「話を聞いてくれる人ができて、よかったじゃないか」などと言うまでになった。

息子は決心を変えた

暫定ケアプランでのサービス利用が始まった。良子さんは週2日のデイサービスとその準備のための訪問介護を利用することになった。伸人さんに対しては訪問看護が週1日入ることになった。生活援助の訪問介護は、良子さんと伸人さんの枠を按分した。

要介護認定の申請に際し、医師の診断を良子さんも伸人さんも受けた。

良子さんは認知症と診断された。アルツハイマー型かレビー小体型の疑いが濃いが、専門機関を受診しないと鑑別はできないということであった。

伸人さんに関しては、重症のアトピー性皮膚炎。白内障が合併しており、視力の低下が顕著。また、左足の腫れは骨折の疑いがあった。長年外出しておらず、筋力の低下が見られ、骨粗しょう症も考えられるので、総合病院の受診が急務であるとの診断だった。

伸人さんは相変わらず病院の受診をためらっていたが、腫れだけではなく、痛みも引かなかった。三日にあげず訪問をしていた佐藤さんは、そのたびに受診を強く勧めた。受診を嫌がる理由は何かあるはずだ。それはいずれ聞き出すとして、今はうるさがられても、口を酸っぱくして受診を促し続け、揺るぎない決心を変えてもらうしかないと思っていた。そしてそのときがやって来た。

ある日、訪問した佐藤さんに伸人さんは言ったのだ。

「どこの病院に行けばいいですかね?」

一瞬耳を疑った後、すぐにその翻意に対し、**「よく決心なさいましたね」と賛辞を贈った**。そして、準備していた受診先を、理由とともに紹介した。

「よく決心なさいましたね」と賛辞を贈った

佐藤さんは伸人さんが受診しようとしたことを「よく決心なさいましたね」と適切に賛辞を贈る、つまりほめることに成功しました。利用者を適切にほめることは良好なコミュニケーションのための第一歩と言えるでしょう。（61頁「利用者を適切にほめる」参照）

提案と、反旗と、説得と

満身創痍の伸人さんであったのだが、それでもいてくれるだけで、母親の良子さんは、自宅に住むことができている。受診すると、入院は避けられないだろう。となると、安心して入院できる手だてが必要だ。佐藤さんは、そのときを想定して、いつからでも利用できるようにショートステイをすでに調整していた。

その日も、良子さんは同席していた。佐藤さんは、良子さんにも聞こえるように、大きな声で、「もしも、息子さんが入院することになった場合は……」とショートステイの利用を提案した。

提案を聞き終わった伸人さんは、「ケアマネさんの言うとおりだよ。もしも、俺が入院することになったら、お母さんは、少しの間、そこ（ショートステイ）にお世話になりなさい」と言った。その命令的な口調に、良子さんは、珍しく反旗を翻した。

「嫌だよ！」

「子どもみたいなこと、言うもんじゃない」

「だって……」

「だっても、さってもない。これも、お母さんと住み続けるための、ほんの少しの辛抱だから」

伸人さんの聡明さがわかる説得だった。良子さんは、しかめっ面をして押し黙ってしまったが、何とか息子の説得を受け入れた。

身元保証人

入院する場合は、身元保証人が求められる。病院が求める保証人に認知症を患っている良子さんは適合しないかもしれない。保証人がない場合でも手段はあるが、この機会に、佐藤さんは伸人さんに、「保証人になってくれる親戚などはいないか」と打診してみることにした。

「弟になってもらいましょう」

あっさりと伸人さんは答えた。弟は、隣市に住み、前の家に住んでいた頃から、子どもを連れて時々遊びに来ていた。子どもが大きくなってからは足が遠のいていたが、近年は孫を連れてくるようになっていた。コロナ禍になってからは、来ていないという。

弟との関係はどうなのだろうか、将来的に協力を要請できるだろうかな

入院する場合は、身元保証人が求められる

多くの病院や高齢者施設の入院・入所において、身元保証人が求められます。身元保証人を求める背景はさまざまですが、突き詰めると、費用の支払いと（死亡時の）遺体・遺品の引き取りの2点に収れんされると思います。しかし、問題は保証人が設定できない場合です。国は通知を出して保証人がいないことを理由に入院・入所を拒否してはならないと示しているものの、現場ではさまざまな葛藤があり大変悩ましい問題です。

ど佐藤さんは考え、弟へのコンタクトを思い立ったが、「まずは、目の前にいる母親と息子の意思を大切にすべき」だと思い直し、弟の連絡先だけを聞いておくことにとどめた。

懸案事項

ケアマネジャーの佐藤さんが紹介した病院は、主治医意見書を書いてくれた訪問医と相談して選び出したものだった。外来受診の結果、左足の骨折であることがわかった。入院して、まずはその治療を行い、引き続き、白内障の治療およびアトピー性皮膚炎の治療を並行することになった。訪問医の見立てどおり、骨粗しょう症が進行しており、左足骨折の完全治癒は難しいということであった。入院は、それなりに長引きそうだ。「それにしても、あれだけ病院の受診を嫌がっていたのに、なぜ考えが変わったのだろうか。いや、決心を変えた理由もそうだが、そもそも、受診をかたくなに嫌がっていた理由は何だろう?」と佐藤さんは気になった。さらに、生活歴とそれに伴う感情や、弟との関係も聞きたかった。**過去から現在へと続く人生の歩みがわからなければ、現在から将来へと続く道筋を見据え**

過去から現在へと続く……

長い人生の最終盤に寄り添うのが、ケアマネジャーです。時間をかけて利用者の過去の生活歴を聴き取ることは深いアセスメントにつながるとともに、利用者を敬う誠実な態度の表れであるといっても過言ではないでしょう。

た支援はできないと、佐藤さんは考えている。

病院からの相談

伸人さんが入院した病院は、コロナ禍にあっても、事情によっては専門職の面会は許可されていた。佐藤さんが面会に出向こうとした矢先、病院のMSW（医療ソーシャルワーカー）から相談したいことがあると連絡が来た。押っ取り刀で駆けつけると、「本人（伸人さん）は、すぐにでも退院して、母親と一緒に暮らすことを希望しているのだが、主治医は、すぐに退院するのは無理だと言っている。退院したとしても、認知症だという母親と暮らすことは難しい。そのように説明するのだが、本人はどうしても納得しないので、何とか説得してほしい」とMSWは言うのだ。

母親の認知症の情報は誰から聞いたのかと尋ねると、「身元保証人になってくれた弟から聞いた。弟は、母親を老人ホームに入れたいのだが、本人が頑として聞き入れないらしい。弟は、病院側から説得してほしいと希望し、主治医の見立ても同様だ」と言う。その他、MSWは、白内障の手術は、合併症のリスクが高いので難しいかもしれないという眼科医からの情報も加えた。

骨折の軽快は難しく、視力の改善も望めないかもしれない。おそらくこの先、良子さんの認知症は進行していくだろう。2人で在宅生活を続行することは、確かに難しいかもしれない。佐藤さんは、「説得するかどうかは別にして、とにかく本人の話を聞いてみたい」とMSWに返した。

四面楚歌

病院の医師、MSW、弟だけではなく、実は訪問医も地域包括の担当者も、さらには、ヘルパーや訪問看護師も伸人さんが自宅で良子さんを支えることは難しいと考えていた。長い間引きこもりであったという社会性のなさも、その考えを強固なものにしていた。伸人さんにとって、それは四面楚歌の状況だと言える。佐藤さんもまた、「医師たちの言うとおりかもしれない」とは思う。しかし、**そうした思いをひとまずは脇に置いて、面接に臨むことにした**。

病院の相談室で向かい合った伸人さんの体調を気遣った後で、佐藤さんは、こう切り出した。

そうした思いをひとまずは脇に置いて、面接に臨むことにした

ケアマネジャーが面接に臨む際には、予断を持たない姿勢がとても大切です。予断は偏見や誤解、思い込みのもととなり、適切な情報収集や堅固な信頼関係（ラポール）の構築の妨げにつながります。佐藤さんは、伸人さんが良子さんを自宅で支えることは難しいと思いつつも、そうした思いをひとまず脇に置くことで、質の高い面接が実現しています。

「今日は、田中さんのお話を伺いたくて、お邪魔しました」

伸人さんは、医師や弟と同じように説得に来たのだろうと思ったかもしれない。だから、自宅での面接のときに比べて表情が硬かった。しかし、佐藤さんの次の一言で伸人さんの顔が少し緩んだのだった。

「ご自宅で、私がお母さまのショートステイを提案したとき、田中さんは、『お母さんと住み続けるための、ほんの少しの辛抱だから』と言ってくださいました」

伸人さんの視線は、佐藤さんをしっかりと捉えた。佐藤さんは続ける。

「これから先もお母さまとご一緒にお住まいになりたいという気持ちは、今もお変わりありませんか?」

「できることなら、そうしたいと考えています。難しいでしょうか?」

「病院の先生は難しいと考えていると聞きました。でも、お母さまご本人は、どのようにお考えなのでしょうか?」

「さあ、どうでしょうか。父が亡くなってからは、とても苦労し、私は何の手助けもしなかったのにもかかわらず、母は私の世話をしてくれました。母の気持ちはわかりませんが、私は、母と一緒に暮らし続けたいんです」

「ご自宅で、私が……」

さまざまな人から母親の施設入所を要請される中、伸人さんの話に耳を傾けようとした佐藤さんの姿勢が、伸人さんからの信頼につながりました。(65頁「利用者の立場に立つことを明確にする」参照)

「前におっしゃっていた、ご長男としての責任感からでしょうか？」

「ああ、あのときに私が言った……、確かにそれもあります。それ以上に、母に世話になったから、お返しがしたいんです」

「そうですか、私に応援できることがあるかもしれません。そのためには、お母さまや田中さんのことを、もう少し教えてほしいと思っています」

かくして、**母と子の物語を伸人さんが語り始めた**。

母と子の物語

数回の面会で、ゆっくりと聞いた母と子の物語の骨格を紹介する。

・工務店を営む父親と家業を助ける母親の間に長男として生まれた
・当時は朝鮮戦争の特需で景気が良く、職人を何人も雇い、おぼっちゃんとして育てられた
・5歳違いで弟が生まれた
・幼少の頃からアトピー性皮膚炎がひどく、不憫《ふびん》に思った祖父母には、特にかわいがられて育った
・学生時代は成績優秀、運動神経は並だった。高校は有名な進学校で、

母と子の物語を伸人さんが語り始めた
人には、他人に知られたくない、できれば隠し通したいことが、少なからずあるはずです。しかし、それらをアセスメントする必要があるため、利用者から話してもらえる関係づくりが重要になります。（71頁「利用者に語ってもらう」参照）

一流大学を狙ったが受験に失敗した

・その頃、家業が傾いており、浪人は許されなかった

・アトピー性皮膚炎が治まってきていたので、上京して運送会社に就職した。だが、仕事は長続きせず、勤め先とともに、住むところも転々と変わるようになった

・家業が大変だから手伝ってほしいと母親に言われたが、父親と反りが合わないこともあり、断った

・26歳のときに家業の工務店が倒産。負債を抱え、父親は自殺

・母親は、土地・建物・家財を処分して負債の大半を返済、女手一つで昼も夜も働き、残りの負債も返済した

・自分は、母親が一番大変なときに何も手伝えなかった

・水商売ではあったが、やっとのことで落ち着き、好きな女性ができた。いよいよ結婚しようとしたとき、アトピー性皮膚炎が再発した。あっという間に状態が悪くなり、水商売は続けられず、女性とも別れた。失意のうちに帰郷し、アトピー性皮膚炎の治療のために入院する

・ちょうどその頃、弟が結婚し、幸せそうだったのを大層ひがんだこと

を思い出す

・アトピー性皮膚炎の治療はうまくいかなかった。医者が薬を変えるたびに悪化するようなありさまで、自主的に退院。以来、医療不信が続いている

・退院後は母親と同居。病状は一進一退で、調子が良いときには、簡単な仕事に就いたが、おおむね母親が面倒を見てくれた

・体がかゆいとき、痛いとき、母親はワセリンを優しく塗ってくれた

・弟が子どもを、やがて、孫（母親から見れば孫とひ孫）を見せにやって来るが、幸せそうな様子を見るのがつらい

ケアマネジャーの佐藤さんは、母親に寄せる伸人さんの思いが少しわかるような気がした。何とか伸人さんの思いがかなえられないものか、それには、**母親の施設入所を勧める人たちとの根気のいる対話が必要になってくるだろうなと思うのだった。**

母親の施設入所を勧める人たちとの根気のいる対話が必要になってくるだろうなと思うのだった

在宅生活の困難さが表面化すればするほど、施設入所にあらがうことが難しくなっていき、利用者・利用者家族と担当ケアマネジャー以外のすべてが「施設入所推進派」に至ることは少なくありません。ときには、在宅継続と施設入所を巡り関係者の利害が交錯することもあって、状況は複雑な様相を呈することもあります。

Lecture

利用者&利用者家族との面接・アセスメント

物語では、ケアマネジャーの佐藤さんが、認知症の田中良子さん・伸人さん親子と出会い、信頼関係を築くまでの様子が描かれていました。初めは佐藤さんにあまり信頼を寄せず、介護保険の利用や医療機関への受診を拒否していた伸人さんですが、佐藤さんの寄り添う姿勢や真摯《しんし》な態度によって徐々に心を開き、積極的に親子のこれまでの人生を話してくれるほどになりました。

ここでは、ケアマネジャーに対して懐疑的であった伸人さんと信頼関係を構築することができた佐藤さんの面接・アセスメントの背景には、どのような理論と技術があったのかについて学んでいきましょう。

1　ソーシャルワーク実践の中核技術—面接とアセスメント—

ケアマネジメントは言うまでもなく、「対人援助」の一種です。人が人を援助する際に必要不可欠であるのが、「相手のことをよく知り、信頼関係をつくる」ことと、「相手が今どのような状態にあり、何に困っているのかを把握する」ことであるのは論をまたないところでしょう。前者を行うためには優れた面接が必要であり、後者には多面的で深いアセスメントが必要です。したがって、面接とアセスメントは極めて重要な対人援助技術であり、まさにソーシャルワーク実践の中核であると言ってよいでしょう。つまり、面接とアセスメントがより実践的に高いレベルで行われたとき、利用者支援は非常に良好に展開される可能性が高くなるのです。

ソーシャルワークの実践家であるケアマネジャーは意識する・しないにかかわらず、日々面接とアセスメントの連続を繰り返しています。わかりやすく言えば、1日に3軒の利用者宅を訪問し、利用者とその家族の計5人に会い、電話を6本受けて利用者やその家族と話したのなら、合計11回の面接・アセスメントを行ったことになるのです。「そんなふうには考えてもみなかった」と思う方もいるかもしれませんが、合計11回のやりとりの中で、「こんな感じで受け答えしたら利用者さんはどう思うかな?」「今の家族の発言の意味は一体何だろう?」などと考えながらそれぞれの場面に対応しているはずです。そのようなときのケアマネジャーの判断の基準やその後の対応は、家族や友人あるいは職場でのやりとりとは明らかに違うものであり、専門的な「何か」に裏付けられているものと言えるでしょう。この「何か」が対人援助における専門的な面接であり、アセスメントであるということになります。

2　面接―誤解を取り除くことから始めましょう―

私たちは普段「面接」という言葉をどのような場面で使っているのでしょうか。最も一般的なのは、大学などの入試や就職試験の際に行われている面接試験です。したがって、私たちは「面接」という言葉を耳にすると、何やら堅苦しく、人生の重要な場面が決するような印象を持ちがちです。これが最初の誤解であると言えるでしょう。試験における面接は、面接のほんの一形態にすぎず、ソーシャルワークにおける面接とは異質のものなのです。

また、「面接」という言葉を字義どおりに解釈するなら、面を接する、つまり顔を突き合わせるという意味となり、何だか恐ろしく緊張感の高いものと捉える方もいるかもしれませんが、ソーシャルワークにおける面接はそうではありません。「面接」という言葉で表現されること自体が誤解を招きやすいものとも言えるかもしれません。

この点については、面接を英語表現による"interview"にすると、よりその本質を感じ取ることができそうです。"inter"は「相互に、間に」と訳され、互いに感情や情報を共有するさまを表し、"view"は様子を見るということですから、まさに利用者の状態観察といった捉え方が可能です。したがって、"interview"とは「利用者と現状を共有し、その状態を観察する」といった意味となり、

「面接」という言葉の字義とは異なった印象を与えるものとなります。ソーシャルワーク実践の際の面接は、本来「面接」という言葉ではなく、もっと別の国語表現が適当かもしれません。

3　ソーシャルワークにおける面接

さて次に、ソーシャルワークにおける面接の定義を確認します。福祉領域における面接の定義をいくつか見てみましょう。

「情報の収集や相談などの目的のために、援助者とサービス利用者が直接会い、主に会話を交わすことをいう。個別援助における中心的な手段である。面接を構成する一般的要素として、①サービス利用者、②援助者、③時間、④場所、⑤コミュニケーションの手段、⑥目的、の六つを挙げることができる」（中央法規出版編集部編　2012：554―555）

「『相談面接』とは、一定の状況下においてワーカー（面接者）とクライエント（被面接者）とが、相談援助の目的をもって実施する相互作用（コミュニケーション）のプロセスと定義できる。ここでいう『相談面接』とは、たんなる日常的な話し合いや面談ではなく、一定の要件のもとで、両者間に結ばれる援助関係を基軸として展開される専門的な援助活動である」（岩間　2008：8）

「相談面接は、機械的な言葉のやりとりではありません。援助職員は、クライアントがおかれている状況を感情と事実の両面から理解し、問題の解決方法を探究していくことを目ざして会話をします」（渡部 2011：149）

「面接（interview）とは『直接その人に会うこと』（広辞苑）であり、会って話を聞くことである。インタビューという言葉の元々の意味が『互いに相（inter）まみえる（view）』関係であることからもわかるように、単に一方的に質問をして、何かを引き出すというものではない。介護支援専門員が行う面接も同様であり、利用者の置かれた状態や生活の困難さなどを把握することはもちろん、介護支援専門員からも利用者に必要な情報を伝える。このように面接とは情報を得る／伝えるという双方向のコミュニケーションを持つものである」（白澤監修、社団法人大阪介護支援専門員協会編 2010：310）

これらの定義からソーシャルワーク実践における面接とは、単なる会話や関わりではなく、利用者への良質な支援を行うために展開される活動の重要な要素であることがわかります。

さらに、ソーシャルワーク実践における面接について、次の三つのポイントを押さえておきましょう。

①人と人とのコミュニケーションの一形態である

人はさまざまな形でコミュニケーションを取りますが、面接は「直接相手と会って会話を交わす」という特色を持つコミュニケーションの形態と言えます。昨今はメールやＳＮＳの普及で、対面での人と人との会話自体が少なくなっているように感じます。このような時代における面接は、ますますその重要性の高まりを見せるのではないでしょうか。なお、「電話による会話は面接であるかどうか」については諸説あるようですが、②の計画性や目的性からすると、少なくとも面接に準じたものであると言えます。また、コロナ禍においてオンラインによるミーティングシステムの台頭が顕著ですが、これも面接に準じたものと言えます。

②計画性と目的性がなければならない

利用者支援のゴールは、利用者や家族が抱える生活上の課題が緩和され、折り合いをつけて日常を過ごすことができるようになることです。したがって、ソーシャルワーク実践における面接はそのゴールに意識を向ける必要があり、計画性と目的性を持って行われなければなりません。これは利用者の課題に向き合う、あるいは利用者に寄り添うことと同じくらい重要です。面接という活動においても必ず計画を立て、目的を明確にしましょう。

③公式性、役割性、形式性、利益性、職業性、責任性を伴う

ケアマネジメントにおけるソーシャルワーク実践は、法令で定められたプロたるケアマネジャー

が行うわけですから、当然公式なものです。また、利用者とケアマネジャーの役割は形式的にも明確に区分されています。利用者には生活上の、ケアマネジャーには職業上の利益が供与され、各々に責任が生じます。ケアマネジャーが介護保険法の規定にしたがって利用者のもとを訪れ、援助と被援助を明確にした上で、ケアプランを作成し、利用者はサービス利用上の諸規定を順守し、利用料を支払うことで双方に利益が生じます。そのため、ケアマネジメントの一つの要素である面接も、その活動プロセスにおいて、法令が定めるさまざまな前提や制約を背負っており、アカウンタビリティー（説明責任）を伴うものとなります。

4　面接の基本技術、機能、形態、条件

面接の基本技術は何といっても傾聴（active listening）です。傾聴とは、利用者の発する声と様子に心を込め、耳を傾けて、熱心に聴き取ることです。「そんなことは普段からしているので問題ない」と思われるかもしれませんが、傾聴には実に高い技術が求められます。なぜなら傾聴は、利用者側の「聴いてもらった感」が必須だからです。いくらケアマネジャーが「熱心に聴きました」と言っても、利用者側にその実感がないとすればそれは傾聴ではありません。傾聴であったかどうかの判断基準は、利用者側の「聴いてもらった感」以外にその尺度はありません。したがって、こ

の「聴いてもらった感」を醸成するためには、面接の機能をしっかりと理解した上で、応答技法を使いこなせるかどうかが重要であり、これが面接の成功の鍵を握ることとなります。

次に面接の機能を見てみましょう。面接の機能は次の三つです。

①ラポール（利用者とケアマネジャーの間の信頼関係）の構築

人は常に信頼を寄せている者にしか自らを語りませんし、助けてもらおうとは思いません。そのため、傾聴の技術を使って、利用者との間にラポール（rapport）を築き上げていくことは最も重要なことと言えるでしょう。注意しなければならないことは、ここで言うラポールとはソーシャルワーク実践における職業的かつ専門的な信頼関係のことを指し、家族や友人とのそれとは異なることです。

②情報収集

アセスメントの過程には情報収集が不可欠です。利用者に関する情報収集はさまざまな形で行われますが、面接による聴き取りは最も効果的だと言えるでしょう。

③課題解決過程の展開

面接を行うこと自体が利用者に存在する課題の解決に結び付くという考え方です。主に心理学的な面接で効果が期待されることが多く、ソーシャルワーク実践においても効果的に作用することがあります。

面接の形態は大きく、構造化面接と非構造化面接（生活場面面接）に区分されます。構造化面接とは、例えば、役所の窓口や病院・施設における相談室などの構造化された場面で行われる面接を指し、伝統的にこの面接の形態が用いられてきました。それに代わって現代では、援助者が自ら被援助者の自宅やベッドサイドなどの構造化されていない場面（生活場面）に足を運んで面接を行う非構造化面接（生活場面面接）が台頭してきました。もちろん、これは介護保険制度におけるアセスメントやモニタリングに求められているものであり、日本のケアマネジメントなどにおける、スタンダードな面接形態となっています。

面接の条件として重要とされるのが、援助者と被援助者の適度な距離、空間、角度、席次（上座・下座）や面接場面における照明、空調、花、絵画、音などです。中でも、面接者と被面接者の位置関係は非常に重要だとされています。一般的には両者の角度が90度に近いものが適切だとされていますが、これは視線が交錯して緊張感が高まることに一定の制限がかけられるからです。また、照明や空調が不適切だと被面接者がそちらのほうに気を取られてしまい、集中して面接に臨んでいただくことがかなわなかったりします。いずれも利用者の状況や場面によって柔軟に運用・設定されることが大切であり、決して固定的ではありません。

ドアノブコメント（ドアノブタイミング）

ケアマネジャーなどの援助者が、用件を済ませて家を出ようとドアノブに手をかける瞬間に、非常に重要な案件が被支援者側からもたらされる現象を指します。本当は一番気になっている事柄であるにもかかわらず、うまく話を切り出せず、支援者が帰ろうとする際に、思い余ってその背中に声をかけてしまうわけです（筆者はまさに帰ろうとする「そのとき」が重要であると考えており、「ドアノブタイミング」と呼んでいます）。

物語では、利用者の家を後にしようとする佐藤さんに対し、利用者の家族が呼びかけています。「思い出したように」とありますが、以前から気になっていた「あの家」を目にしたとき、居ても立ってもいられず、「そうそう佐藤さん」と思わず声が出たのでしょう。

ドアノブコメントによる利用者からの発露は、非常に重要です。利用者が、「言いにくいことをやっと言えた」「胸のつかえをすっきりさせてくれた」「解決の糸口を見出そうとしている」状態である可能性が高いからです。ドアノブコメントは利用者の課題に向き合う絶好の機会なのです。

短時間でも必要な情報収集・課題分析

物語で佐藤さんはアポイントにしたがって、地域包括支援センターの主任ケアマネジャーと同行訪問しましたが、田中さん親子と打ち解けた雰囲気でじっくりと面接ができる見込みはなく、短時間で可能な限りの情報収集を行う必要に迫られました。

そのような中、佐藤さんは、「雑然とした部屋」「自宅の清潔は何とか保持」「母親は難聴傾向、短期記憶障害などの認知機能低下濃厚」というように的確に必要な情報を入手することに成功しています。それにより、「自宅は雑然とはしているが不潔ではない＝急な支援は不必要」「難聴傾向および短期記憶障害＝本人の混乱と家族関係への影響がある可能性が高く、早期の支援が求められる可能性がある」といったように親子の状態について推測ができるのです。

これを可能にするためには、事前に着眼点を明らかにしておくことが重要です。限られた時間の中で、何に注意し、どこを観察して、どのように判断するのか。入念で深い洞察をする準備が求められます。

5　面接における具体的なコミュニケーションと技法

面接におけるコミュニケーションは大きく、言語（バーバル）コミュニケーションと非言語（ノンバーバル）コミュニケーションに分けられます。

言語におけるコミュニケーションでは、言葉の選択が重要です。利用者の状況や場面に応じた言葉を使うためには、普段から語彙《ごい》（ボキャブラリー）を豊富にしておくことが大切になります。また、会話においては適切に相づちを打ち、利用者の言葉の繰り返しを活用するようにします。質問を行う際は、閉ざされた質問（closed question）と開かれた質問（open question）を意識することが大切です。閉ざされた質問とは「はい」「いいえ」、または単純な事実で回答できる質問を指し、情報収集を正確かつ短時間で行うために効果的な質問方法です。一方、開かれた質問とは、応答内容を利用者に委ねる質問であり、「何が」「どのように」「なぜ」「具体的には」のような内容を含むものです。利用者とのコミュニケーションの深まりが期待でき、同時に利用者の見せるしぐさや表情、またその際の声量、スピード、声質などから利用者の様子をうかがうことができます。

非言語コミュニケーションにおいて高度な技法を要するとされるのが、沈黙（silence）の活用です。沈黙とは「話すべきときに話さない」ことであり、主に利用者側に生じます。沈黙の間、利用者は、「今までの会話や使った言葉を振り返る」→「心の中で自分と会話する」→「問題の整理が始まる」→「混乱または問題解決」といった過程を展開しており、基本的にはケアマネジャー側から終わらせてはいけません。利用者による沈黙の間、ケアマネジャーは待つことが重要であり、利用者自らが問題と向き合う重要な場面だと捉えることが大切です。

次に応答技法について学びましょう。

例えば、自分の身体の問題と家族の問題を抱える利用者が、「こんな身体では何一つできないよ。家族も離れ離れだ」と漏らしたとき、あなただったらどのように応答するでしょうか。

具体的な応答技法には次のようなものがあります。

言い換え　利用者の発した言葉を違う表現に換えます。

「ご自身のこととご家族のことと……、ご苦労が絶えませんね」

要約　利用者の発言を短くまとめます。

「ご心配されているのは、健康とご家族関係のことですね」

感情の反射　利用者の感情を明らかにします。

「お身体のことやご家族のこと、本当におつらいお気持ちなんですね」

自己開示　ケアマネジャーの感情や状態を利用者に明らかにします。

「私も同じ立場ならそのように感じることと思います」

(保障)　利用者の感情や状態を肯定します。

「この状況ならそんなお気持ちになることも無理のないことです」

(焦点化)　利用者の感情や状態の核になる部分を明らかにします。

「お身体のことと、ご家族のこと、この二つのことでお困りなのですね」

(利用者の内的感情の)直面　利用者が自らに向き合えるよう促します。

「でも、何とかしたいと思っていらっしゃるのでしょう?」

(積極介入(脅し))　利用者のモチベーションの低さを指摘し、その向上に期待します。

「リハビリをしないとさらに動けなくなりますよ」

(積極介入(提案))　利用者に具体策を提案します。

「娘さんに手紙を出してみるのはいかがでしょうか?」

(積極介入(指示))　利用者に具体策の遂行を依頼します。

「医師にはご自分でご報告ください」

(積極介入(示唆))　利用者に具体策があることをほのめかします。

「デイケアに行くととても元気になる方もいらっしゃいますよ」

物語でも、佐藤さんが初めて田中さん親子の自宅を訪問した際に、伸人さんに対して「私どもでも、お母さまのお世話についてお手伝いできますよ」と提案したり、母の良子さんの施設入所を拒否する伸人さんに対して「ご長男としての責任感からでしょうか?」と内的な感情を話題にあげたりしました。これらは応答技法を使った場面と言えるでしょう。

沈黙の活用

沈黙の間、そこに相手側の葛藤、苦難、戸惑いなどを見て取ることができます。

物語の中で佐藤さんは、相手の沈黙に対し、「今からとても大切なことを聴くことになりそうだ」「しかし、そのことはおいそれとは口に出すことのできない種類のものである」「口を開かず待たなければ話を聴くことができない」と判断したのでしょう。そして案の定、非常に重要な情報をキャッチすることができました。沈黙にいかに耐えて、活用することができるのか、面接の成否を分ける試金石です。

利用者を適切にほめる

利用者との面接において、さまざまなコミュニケーションが展開されますが、利用者を適切にほめることほど良好なコミュニケーションの糸口となるものはありません。物語では、受診の必要があるにもかかわらずそれを拒んでいた伸人さんが、「どこの病院に行けば」と病院に行く意思表示をしたことについて、佐藤さんは思わず賛辞を贈りました。

物語のような場面のみならず、普段から利用者の「良いところ」をほめることを忘れないようにしましょう。「お元気そうですね」「良いお顔色ですよ」「背筋が伸びていますね」「その笑顔が周りの人を幸せな気分にしますよ」「まだまだ元気で長生きですね」など、利用者の「良いところ探し」を続ければほめる場面は増えてくるものと思います。ほめ上手を目指して、利用者とのラポール（信頼関係）を強固なものにしていきましょう。

6　アセスメント―「取る」という表現は不適切―

ソーシャルワークの世界では、主に英語である外来語をそのまま使うことが少なくありません。例えば、ノーマライゼーションやＡＤＬ、グループワークなどがそうですが、アセスメントも例外ではありません。

ケアマネジャーにとってアセスメントはごく日常的な言葉です。介護保険制度上は「課題分析」とされており、次のように定義されています。

●指定居宅介護支援等の事業の人員及び運営に関する基準について（平成11年7月29日老企第22号）

利用者が生活の質を維持・向上させていく上で生じている問題点を明らかにし、利用者が自立した日常生活を営むことができるように支援する上で、解決すべき課題を把握することであり、利用者の生活全般についてその状態を十分把握することが重要である。

なお、当該課題分析は、介護支援専門員の個人的な考え方や手法のみによって行われてはならず、利用者の課題を客観的に抽出するための手法として合理的なものと認められる適切な方法を用いなければならないものである。（傍線、筆者）

傍線部に注目してください。アセスメントで課題を抽出するためには「適切な方法」が必要であると明記されています。つまりこれは、居宅介護支援事業所は、「アセスメントツール」を用いて課題分析＝アセスメントを行わなければならないという意味なのです。したがって、居宅介護支援事業所の運営規程で、「使用する課題分析票の種類」を定めているわけです。

アセスメントツールにはさまざまなものがありますが、いずれにしてもケアマネジャーは「課題分析標準項目（23項目）」の情報を収集する必要があるため、これをクリアするためにチェックボックスのようなものに確認した情報を記入、あるいは入力していく必要があります。しかし、このアセスメントツールはアセスメントの結果を記入するツールであって、この項目を埋めることに力点を置いてはいけません。しばしばアセスメントを「取る」と表現する方がいますが、これはアセスメントを「利用者やその家族との面接や書類、またはサービス担当者会議などから課題分析の項目を埋めるための情報を取ってくるもの」と捉えていることの表れであり、不適切と言わざるを得ません。

アセスメントは、収集した情報を分析して、課題（ニーズ）を抽出する一連のプロセスであって、課題分析の項目を埋めることが主目的ではないということを意識してください。そのことを意識すれば、アセスメントは「行う」あるいは「実施する」という表現が適切かと思います。

物語で佐藤さんは、アセスメントについて、「過去から現在へと続く人生の歩みがわからなければ、現在から将来へと続く道筋を見据えた支援はできない」と考えていますが、この考え方は重要です。誰の人生も順風満帆が続くものではなく、山あり谷あり、健やかなるときも病めるときも人は生き続けています。そのような人生の最終盤に寄り添うのがケアマネジャーであり、利用者の過去を知り、時間をかけて生活歴を聴き取ることが深いアセスメントにつながるのです。

7　アセスメント自体がプロセス

ケアマネジメントプロセスの漏れのない遂行には、ケアマネジャーは最も神経をとがらせているのではないでしょうか。アセスメント↓サービス計画の原案作成↓サービス担当者会議↓サービス計画の説明および同意・交付↓モニタリング、というケアマネジメントの一連のプロセスは、それぞれのケアマネジャーに厳しく課されており、保険請求の重要な根拠の一つとなっています。

そして、利用者への現実の支援実践において重要なことは、アセスメント自体がプロセスを展開しているということです。アセスメントとは、先ほど見たように、課題を分析することであり、①情報収集↓②情報の解釈・分析↓③課題（ニーズ）の抽出、という一連の過程を踏んでいます。しかし、③課題（ニーズ）の抽出ができたからといって、それでアセスメントが終了することはなく、抽出したニーズに対して生じたケアマネジャー自身の疑問や意見の検証のために、①情報収集に戻っていきます。例えば、「日中を活発に過ごしたい」という認知症高齢者のニーズを抽出したときに、「でもこの方は本当にそう思っているのだろうか?」「認知症になる前はどのように日中を過ごしていたのか?」「この方にとっての活発はどの程度のものか?」などの考えがケアマネジャーの頭に浮かびますが、これを解明するためには、再び情報収集を丁寧に行うしかありません。こうしてアセスメントの過程は循環し、プロセス化していくことになります。
アセスメントをプロセス化できていればいるほど、ケアマネジャーとしての能力は高いと言えるでしょう。多面的で深いアセスメントとはプロセス化された状態を指すものです。

利用者の立場に立つことを明確にする

物語で伸人さんは、佐藤さん以外の人たち、例えば、病院や在宅サービスのスタッフ、また弟からも母親を施設入所させるよう要請されており、まさに「四面楚歌」の状態でした。病院の相談室に佐藤さんを迎えた伸人さんは、「どうせこの人も、母を施設に入れろと説得に来たのだろう」と考えたに違いありません。

しかし、佐藤さんは、母親を施設に入れることを、「ひとまずは脇に置いて」伸人さんの話に耳を傾けようとしたのです。伸人さんにとって、佐藤さんは「ほかの人とは違う、自分の立場に立ってくれる人」となり、少しずつ心を許してくれるようになったのでしょう。

私たちケアマネジャーは、利用者を受容し、非審判的態度で臨み、自己決定を促すことが大前提です（このような援助者としての姿勢は「バイスティックの7原則」として知られています）。どのような状況であっても利用者の立場に立つ姿勢を見せ続けることは、非常に大切なことです。

ただし、冷静かつ客観的に見て、利用者の意向に沿わない方法であっても、そのほうがさまざまな意味で適切であるという結論になることは、当然にあり得ます。あらゆる要素を加味し、十分な検討の後にその結論に至るのであれば、それが結果として正解となることでしょう。そして大切なことは、その結果を利用者が納得できるかどうかです。この納得は利用者の立場や思いを理解しない人による説得からは生まれることはありません。物語の佐藤さんのように、ケアマネジャーが寄り添う姿勢を見せながら、利用者の立場に立ち続ける「伴走」によって生み出されます。

ケアマネジメントは「プロセス重視」なのです。

8 アセスメントは知的・能動的活動

介護保険制度上、アセスメントはツールを用いて行うことが義務付けられています。ツールを使うということは、書類への記入あるいはデータ入力を行うということになりますが、先ほど述べたとおりそれは本質ではありません。ここでは、ソーシャルワークの研究者たちの意見からアセスメントの本質について考えてみましょう。

奥川氏は、アセスメントの際、「援助者は、クライアントから発信され、援助者自身の身体に入れた情報を、援助者自身の専門的な視点に裏付けされた枠組みに照らしつつ、ストーリーを描きながら瞬時に解析」しており、これは「援助者の身体に『〈ひっかける〉〈こだわる〉装置・センサー』が入っていないと成り立たない作業」であると述べています。そして、アセスメントでは、「〈いかようにして?〉から〈何故?〉〈何で?〉など、常に援助者が自分の身体に問いかける内面化作業」が必要であるとし、援助者が入手した情報を「ひっかけながら」あるいは「こだわりながら」、クライアント（利用者）へアプローチしていくことの重要性を述べています（奥川　2007：185—187）。

竹内氏は、「アセスメントツールにこだわっているとケアマネジャーの能力は向上しない。なぜならアセスメントツールはニーズを示さないからである」「一定の形式をもつアセスメントツールの、各項目をチェックすればアセスメントができると考えることで、これは大変な誤解であるといわねばならない」と指摘しています。さらには、「『情報からニーズへ』の橋渡し、具体的にいえば『ニーズを見つけ出す』作業は、『ケアマネジャーが頭で考える』以外に方法はなく、考えるという作業はそのケアマネジャーのもっている基礎知識いかんにかかっているのである」とし、さらに具体例として、「医師が正しく診断し治療できるのはカルテ（診療録—ツール）によるのではなく、その医師の能力（知識と経験）による」として、ニーズに至る工程には能力や知識、経験といった、努力や積み重ねによって備わるものが重要だと述べています（竹内　2007：78—79）。

つまり、アセスメントとは、書類に書くことあるいはデータを入力することではなく、ケアマネジャーが持てる能力をフル活用してケアマネジャー自身の頭の中で遂行する、極めて知的かつ能動的な活動と言えます。多面的で深いアセスメントのためには、ケアマネジャーのたゆまぬ努力が必要であるということです。

9 面接とアセスメントの関係性

実際の利用者への支援において、面接とアセスメントには非常に深い関係性が存在します。面接とアセスメントは表裏一体の関係にあるのです。

図1は、居宅介護支援の運営基準に記されているケアマネジメントプロセスを、実際に運用されている形に直して示したものです。モニタリングから評価を経て、再アセスメントを通じて一連のケアマネジメントプロセスに立ち戻ることがよくわかります。

そして図2では、そのプロセスに、いかに面接とアセスメントが関係しているのかを表しています。面接を実施することは、利用者とのラポール構築とともに、アセスメントのための情報収集に大きな役割を果たします。つまり、ケアマネジャーは面接をしながらその過程において、アセスメントの一端をすでに行っているのです。面接において情報が入ってくると、ケアマネジャーの頭の中では、アセスメントに必要な情報に反応するセンサーのスイッチがオンになり、面接が進む過程でその情報の分析がなされ、いくつもの仮のニーズが抽出されていきます。その仮のニーズにケアマネジャーは、「あれか、これか」「ああでもない、こうでもない」と自問しながら、次の情報収集に備えているのです。そして、高度の面接技術を活用して適切に質問を行い、ラポールを高めながら、情報を過不足なく収集しようとしていることになります。

　大切なことは、面接には面接の専門技術や知識があり、アセスメントにも同様にそれらがあるということと、実際のケアマネジメントの場面では面接とアセスメントが同時並行的に行われている場合もあるということを認識することです。その意味で私たちケアマネジャーは実に

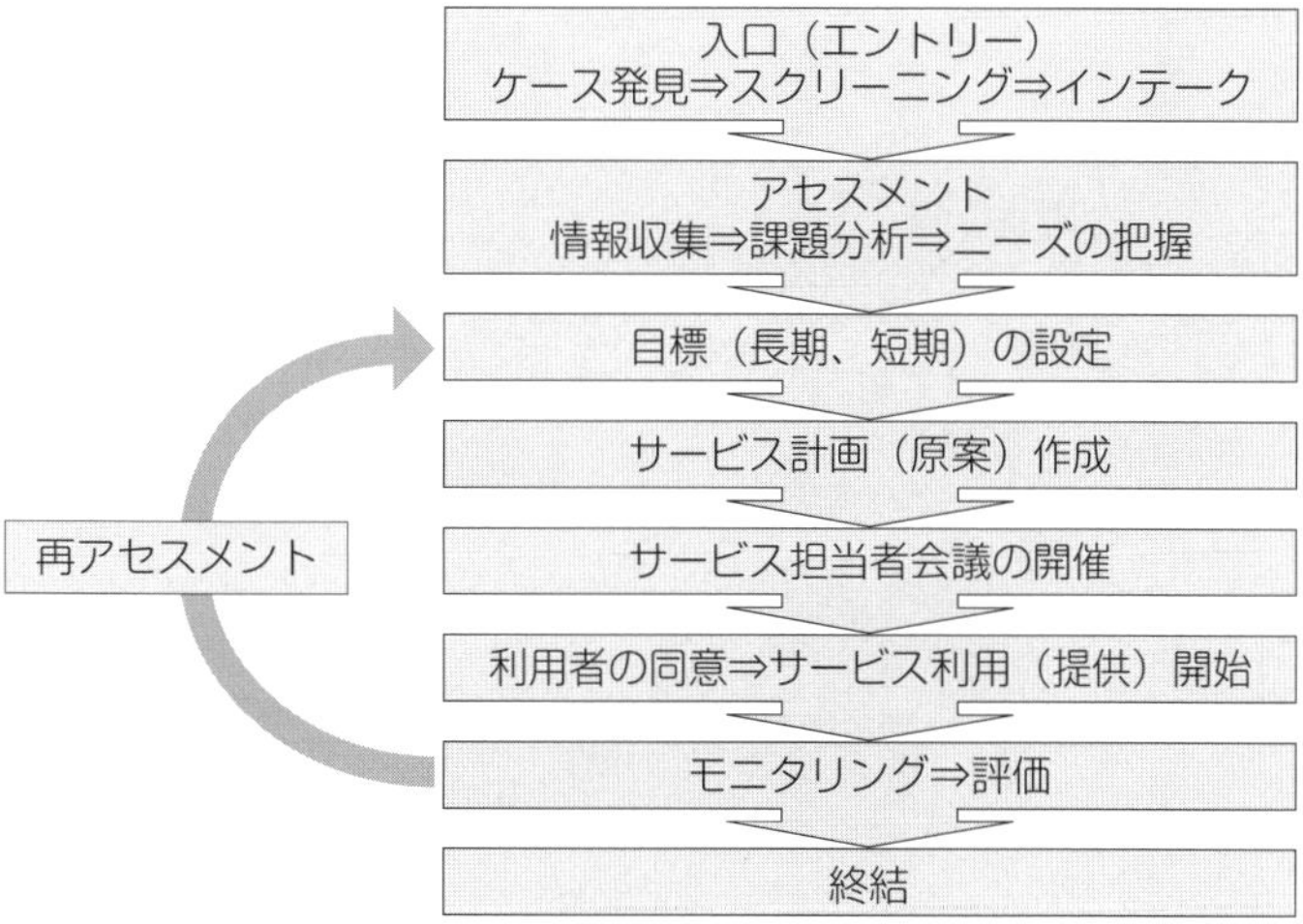

図1　ケアマネジメントプロセスの展開
筆者作成

高度な専門技術を有していると言えます。そして、この技術をさらに高めるための訓練（トレーニング）を、絶えることなく繰り返していくことが求められますし、それが利用者やその家族への職業倫理上の責任であるとも言えるでしょう。

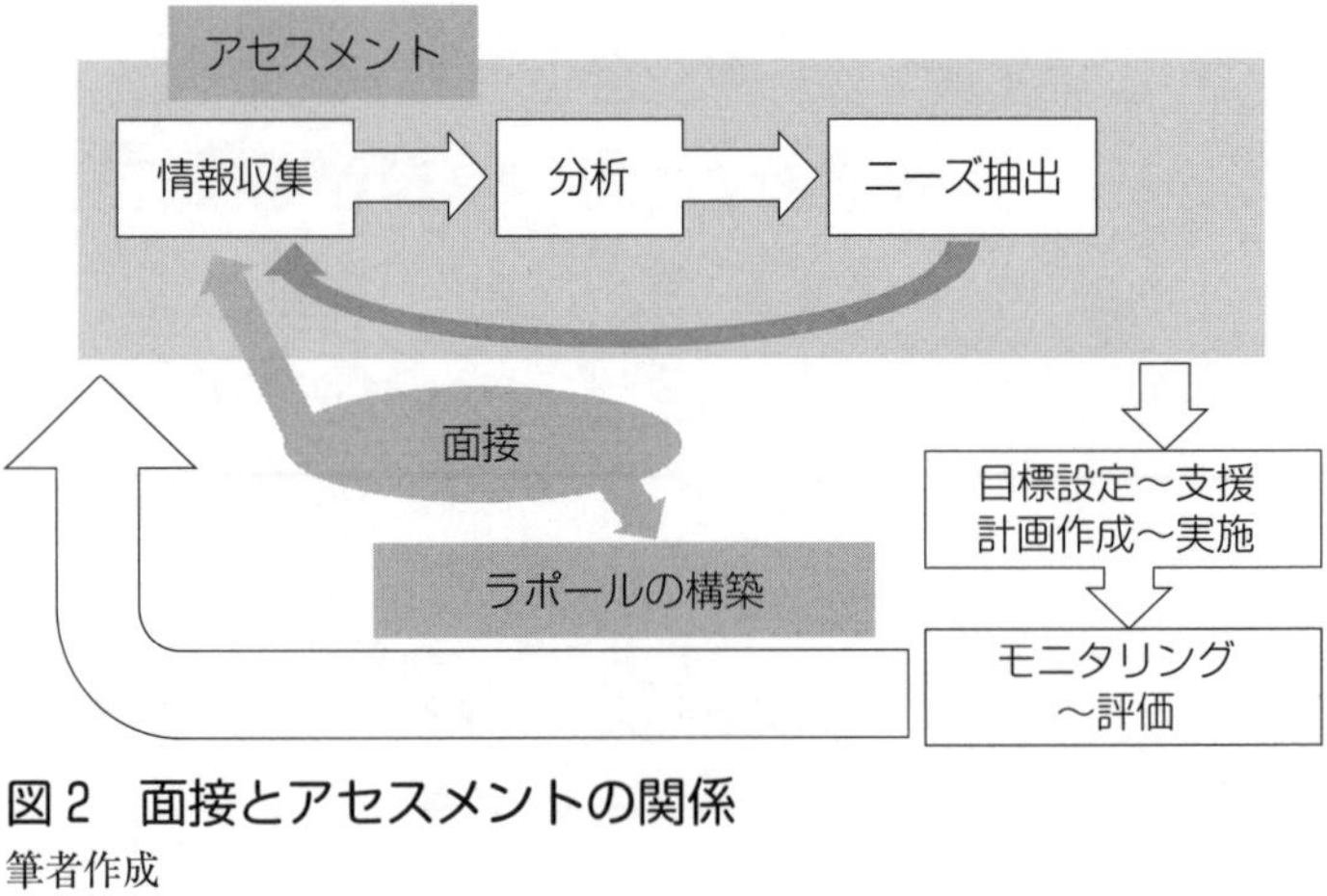

図２　面接とアセスメントの関係
筆者作成

利用者に語ってもらう

利用者の生活歴は、情報収集しにくい項目の一つです。人間の来し方には、他人に知られたくない、できれば隠し通したいことが、少なからずあるはずだからです。しかし、生活歴をケアマネジャーが知っていないと、アセスメントが中途半端となってしまいますので、いかにしてそれを利用者に語ってもらうかが重要となります。

一般的に人間は、聴くよりも話すほうが、ずいぶん得意だといわれています。聴くほう（ケアマネジャー）には、本文で見たとおり専門的な技術が必要ですが、話すほう（利用者）には、専門技術は求められません。聴き手がどう感じるかはともかく、自身の思いの丈を紡いでいくことによるデトックス（浄化）効果は高いとされており、多くの人は、相手が聴いてくれるのであれば、次第に雄弁となっていきます。気持ち良く語ってもらうことは、面接における最大の目標です。利用者が語りだしたら、その面接は成功裏に進んでいる何よりの証拠と言えるでしょう。

もっと知りたい

ストレングスとエンパワメント

利用者主体の支援において、利用者の持っている強さ（ストレングス）を支援に生かすことや、利用者が持っている力（パワー）がうまく発揮できない状況に置かれていることを理解し、その力が発揮できるように支援していくこと（エンパワメント）は、たいへん重要です。あるケアマネジャーさんから「事例検討会で、ホワイトボードの左半分に『問題点』を、右半分に『ストレングス』を書き出していくと、右半分の情報がまだ支援に活用できていないことに気付きます。それを考えて検討を進めていくと、事例提出者は『ちょっとやれそうな気がしてきました』と笑顔になっていくんです」という話を伺ったことがあります。このように、ストレングスやエンパワメントを意識することで、利用者はもちろん、ケアマネジャーの側も元気になるのです。

こうした実践のために、私たちはストレングスやパワーについての知識を持つ必要があります。ストレングスとは「熱望・能力・自信・資源・社会関係・機会」だということを知っていれば、ケアマネジャーは利用者のストレングスを探し出し、それをケアプランに生かしていくことができます。その際、解決指向型アプローチで使われる、問題にどのように対処してきたかを尋ねるコーピング・クエスチョン、過去の有効な対処法を尋ねるパスト・サクセス・クエスチョン、問題が起こらないとき（例外）を尋ねるエクセプション・クエスチョンなどの質問技法は、利用者のストレングスを探すのに有効だと思います。

エンパワメント・アプローチでは、人が元々持っているパワーとは、自分が必要とするものを得る能力、他者に働きかけて影響を与える能力、社会システムの中の資源配分に影響を与える能力等だと考えます。そして、偏見、抑圧、機会の不足、ストレスなどによってこうしたパワーが十分に発揮できない状況（パワレス）を改善し、人が個人的、対人的、対社会（政治）的にパワーを高めていけるように支援します。そこには、利用者の自己評価を高め、孤独感を減少させるだけでなく、利用者自身の考えるニーズを発展させ、それを充足するサービスを生み出した援助者の仕事の満足感を高める等の利点があるとされています（マクリーン、ハンソン 2016：12―66）。

エンパワメント・アプローチは、単に利用者の持つパワーに注目するだけでなく、何がそのパワーを奪っているのかに着目します。そして、利用者だけでなく、利用者のパワーを奪っている環境（人、仕組み、制度等）にも働きかけ、パワーを取り戻していこうとします。そのためには、利用者の望む暮らしを尋ね、その実現のために利用者自身や環境がどのように変わってくれればよいかを一緒に考えていくケアマネジャーの態度が不可欠になります。

ケアマネジャーは単にサービスの調整役ではなく、利用者の力を探し、引き出し、それを妨げる環境を変化させることで、利用者がより良い暮らしが送れるように支援する専門職なのです。

【もっと知りたい人のために】

◎白澤政和編著『ストレングスモデルのケアマネジメント』ミネルヴァ書房、2009年
◎小澤温監修、埼玉県相談支援専門員協会編『相談支援専門員のためのストレングスモデルに基づく障害者ケアマネジメントマニュアル』中央法規出版、2019年
◎ロバート・アダムス著/杉本敏夫、齊藤千鶴監訳『ソーシャルワークとエンパワメント――社会福祉実践の新しい方向』ふくろう出版、2007年
◎栄セツコ『病いの語りによるソーシャルワーク――エンパワメント実践を超えて』金剛出版、2018年
◎シヴォーン・マクリーン、ロブ・ハンソン著/木全和巳訳『パワーとエンパワメント』クリエイツかもがわ、2016年

第2章

サービスの調整・多職種との連携

Narrative

要介護になった地域の有名人

有名になる要素をいくつか備えた男性がいた。一目見れば忘れない容姿と行動。その地域に住む多くの人は、「ああ、あの人ね」と知っていた。

隻腕《せきわん》の自転車乗り

男性には左の腕がなかった。それでいて、自転車を乗り回していた。「隻腕の自転車乗り」と呼ぶ人もいた。隻腕とは、片方の腕しかないことだ。

男性には、知的障害もあった。人懐っこく、にこにこ顔。雨の日も風の日も自転車に乗って、いろいろなところに出向いた。人の集まる場所が好きだった。スーパーマーケットや病院の待合室で人に話しかけたり、駅や本屋をぶらぶらしたり、パチンコ店で遊んでいる人を飽きることなく眺めたり。毎日、どこかに行っていた。雨の日は、ごみ袋が雨合羽代わりだった。

そんな男性も年を取り、介護が必要となった。1人暮らしだった。

そんな状況を心配した、男性を支援する**ボランティア事務所から居宅介護支援事業所に相談があった**。そこは、介護保険外の支援でよく世話になっている事務所で、相談を受けたケアマネジャーの川崎敏子《かわさきとしこ》さんが担当することになった。5年ほど前のことだった。

相談

片方の腕がなく、知的障害があるものの、ずっと自立した生活を続けていた。ところが、ここ1年ほど、物忘れが多くなり、「1人暮らしが難しくなってきた」というのだ。相談に来たのは、有償だが格安でサービスを提供するボランティア事務所で、男性の支援を担当している職員の伊沢洋子《いざわようこ》さんだ。伊沢さんが川崎さんに伝えた情報は次のような内容だった。

・男性は、織田良夫《おだよしお》さん77歳
・2人きょうだいの長男
・5歳年下の妹（既婚）が隣県に住む
・本人に結婚歴はない
・父親は、良夫さんが20歳のときに病死

ボランティア事務所から居宅介護支援事業所に相談があった
川崎さんへの支援の依頼は、ボランティア事務所からもたらされました。これは、この事務所の職員が川崎さんの実力を認め、強固な信頼感を抱いているからです。（100頁「関係機関からの依頼」参照）

・母親は、良夫さんが30歳のときに病死
・母親の死後は1人暮らし
・知的障害だったが、一般の中学で義務教育を終える
・卒業後、製材所に就職。簡単な仕事を行う
・44歳のときに、仕事中に片腕を切断。以降、年金で生活する
・家は、持ち家

そうした情報を聞いた後、ケアマネジャーの川崎さんは尋ねた。

「1人暮らしが難しくなってきたということですが、例えば、どのような難しさなのでしょうか?」

「ボランティアでご自宅に入るのは、1週間に1回なのですが、以前に比べて、ごみが部屋中に散らかっているようになりました」

その他、腰の痛みを訴えることがあり、重い物を持つのがつらく、以前はできていた洗濯が本人には難しくなってきたこと、風呂に入れていないことなどが並べられた。つまり、自分たち(ボランティア事務所)だけで支えるのは、難しくなってきたというのだ。妹は隣県に住んでいて世話は望めないらしい。

「それに、ご近所からの苦情で困っています」

「どのような苦情でしょうか?」

川崎さんは、ここでも、具体的に聞いていく。

「ごみ出しの日を間違えるようになりました」

また以前、火の始末の不安を近隣から訴えられたことがあったが、妹と相談し、**ＩＨクッキングヒーターにするなどして乗り切ったそうだ。**

ドアノブコメント

伊沢さんは、そのようなことを伝え、「織田さんのお宅に行かれるときには、同行させてください」と続けた。川崎さんとしては、逆にお願いしたいくらいなので、ありがたかった。訪問のアポイントは、伊沢さんが取ってくれることになった。


伊沢さんが帰り支度を始めたとき、川崎さんは、「ほかに、何か気になることはありませんか?」と問いかけてみた。すると、伊沢さんは、少しためらいながら、捨て置けない発言をした。

「ちょっと、気になることがありまして」


ＩＨクッキングヒーターにするなどして乗り切ったそうだ

高齢者や障害者にＩＨクッキングヒーターを給付する施策を講じている自治体があります。筆者も過去何度かその申請に携わりましたが、認知機能の低下が進んでいればいるほど、ＩＨクッキングヒーターの操作の習熟が難しく、使いづらいものとなってしまう場合があります。火災の防止のためには大変効果的ではありますが、慣れ親しまないものへの対応に課題が残る場合もあります。

「何でしょう?」

「織田さんのお金のことなんです」

「といいますと?」

「お金がない、お金がない、が口癖みたいな感じなんです」

「年金で生活されているのですよね。年金の種類はわかりますか?」

「……?」

「労災年金とか、障害年金とか」

「さあどうでしょう? 詳しくはわかりません。妹さんが来た日に一緒に銀行に行ってお金を下ろし、織田さんがもらう形なんですが……」

「銀行に行くのは、毎月ですか? それとも、もう少し回数が多いとか、少ないとか?」

「さあ、どうでしょう。私たちが伺うのは、週に1回なので」

「通帳は、妹さんが管理されているのでしょうか?」

「管理はどうかわかりません。通帳を持っているのは織田さん本人です。でも、さすがに中を開いて見たことはありません」

「気になりますね」

「織田さんのお金のことなんです」

利用者の金銭の情報をどのように入手するのかに悩むケアマネジャーは、少なくないのではないでしょうか。金銭には、非常に大きな利害関係が作用しますから、情報の提供者によってその内容は異なる可能性があります。結局のところ、複数人から情報を得て、より真実に近い内容を探り当てていくことが多くなるでしょう。

「ええ、妹さんにも聞けませんし、ちょっとね」

「事情はわかりました」

「おせっかいだったかしら？」

「いえ、大事な情報です。教えてくださってありがとうございます。お金についてのことでもありますし、この件は、役所の相談窓口でもある地域包括支援センターというところの耳に入れてもよろしいですか？」

「大げさなことにはなりませんか？」

「はい。というか、役所を巻き込んでおけば、私たちの身を守ることにもなります」

伊沢さんは、まさに「ドアノブコメント」で、極めて大事な情報をくれたのだ。

有名人との出会い

早速、川崎さんは、市直営の地域包括支援センター（以下、地域包括）に相談を入れた。要介護認定を申請する可能性があり、それに何よりも、**高齢者虐待の一つである「経済的虐待」の恐れがあるからだ。**地域包括に

高齢者虐待の一つである「経済的虐待」の恐れがあるからだ

高齢者虐待防止法では、高齢者虐待を発見した者に市町村に通報する義務を課しています。川崎さんは、これを根拠に、市直営の地域包括に相談を入れました。

同行訪問を打診したが、早急な対応は難しいらしい。そこで、情報共有だけを行い、まずはボランティアの伊沢さんと2人で本人宅を訪問することにした。

訪《おとな》いを入れると、奥から元気な声が返ってきた。「どうぞ！」の声は、優しい響きだ。伊沢さんは、慣れた感じで玄関を開け、川崎さんを家の中に案内した。

茶の間とおぼしき部屋に座っていたのは、あの有名人だった。感激にも似た気持ちがする川崎さんであった。

にこにこ顔

川崎さんが街で見かけるときと同様に、織田さんはにこにこ顔だった。初回面接ではあったのだが、何だか、昔なじみのような妙な感覚だった。できるだけ簡単な言葉を選びながら、ゆっくり話すことで、コミュニケーションを交わすことはできた。会話に慣れている伊沢さんが、部分的に補ってくれた。話している人をじっと見つめる目が、印象的だった。

介護保険の申請（要介護・要支援認定申請）をすることについては、伊沢さんがあらかじめ説明しておいてくれたらしく、すんなりと了承を得ることができた。

困っていること、手伝ってもらいたいことを本人に聞くと、「腰が痛い日は自転車に乗れない」「乗れないと弁当を買いに行けない」「ご飯の用意をしてほしい」といった内容の言葉が断片的に返ってきた。

また、**普段よく行く場所やそこでどういったことをしているかについて尋ねてみた**ところ、冒頭で紹介したように自転車でスーパーマーケットなど、人の集まるところに行き、見知らぬ人に話しかけたり、ぶらぶらしたりするといった話を聞くことができた。

やんわりと妹のことも尋ねてみると、「いろいろな難しい手続きをやってくれる人」「時々来ては小遣いをくれる人」と認識していることがわかった。織田さんが語ったのは、その程度だった。

初回の面接はそれで終わった。認定調査を経て、要介護認定の結果が出るまで、3回程度アセスメント面接を繰り返した。1回の面接で得られる情報は限られていることと、地域包括の職員に同行してもらい一度は面接を行いたかったことが理由だった。地域包括の職員は、利用者があの有名

普段よく行く場所やそこでどういったことをしているかについて尋ねてみた

川崎さんは、アセスメントの早い段階から織田さんの行く場所の把握に努め、関係者へのあいさつを行っています。知的障害や精神障害、認知症の人などは、独特の行動様式を持っていることが多いため、早めに行動パターンを把握し、地域の関係者の理解を得ておくことで、今後の本人の地域生活の助けとなります。

人だったことに驚いていた。

妹への連絡

織田さんの**金銭管理について不安があった川崎さんは、並行して妹へ電話連絡をした**。織田さんの承諾はあらかじめ得ていた。川崎さんは自己紹介を行った上で、役所の相談機関である地域包括支援センターと一緒に支援を行っていることを伝えた。金銭管理に関しての疑惑があるため、役所との協働を強調しておくことが有効だと考えたからだ。

それが功を奏したのかどうかはわからないが、「今後の金銭管理は、社会福祉協議会と一緒に行いたい」という提案に妹が抵抗を示すことはなかった。川崎さんの頭には、社会福祉協議会（以下、社協）の「日常生活自立支援事業」があった。将来的に成年後見制度を利用するとしても、同事業は成年後見制度に比べ、利用手続きが簡単であり、何よりも1日でも早く織田さんの権利を擁護する必要があると考えたからだ。ちなみに日常生活自立支援事業は、2006年度まで「地域福祉権利擁護事業」と呼ばれていた。

金銭管理について不安があった川崎さんは、並行して妹へ電話連絡をした

利用者の金銭管理については、情報収集が難航する場合が多いです。しかし、極めて重要な情報であり、特に金銭管理が困難な認知症や知的障害、精神障害を持つ利用者の場合は何としてもその情報を把握しなければなりません。（103頁「金銭管理の支援に関する連携と日常生活自立支援事業」参照）

もちろん、経済的虐待は「疑い」であり確証はない。織田さん本人は、「難しい手続きをやってくれる」「お小遣いをくれる」など、頼りにしている感もある。そして何よりも、妹は、その時点で確認できている唯一の血縁なのだ。そのあたりを十分に意識し、妹に対しての物言いには、今まで兄の生活を支えてきたことをねぎらう姿勢を終始貫いた。

「今後とも、どうぞよろしくお願いいたします」とあいさつした川崎さんに、「こちらこそ、兄をよろしくお願いいたします」と応じた妹の言葉遣いからは、その心中をうかがい知ることはできなかった。

要介護認定が出るまで
ボランティアでつなぐ

川崎さんが見立てた認知症の程度は、「認知症高齢者の日常生活自立度」のⅡb～Ⅲa。ざっくり言えば、見守りまたは介護が必要なレベルだ。おそらくは要介護認定、少なくとも要支援認定は出ると思えた。だが、特に認知症の場合は、認定が出るまでは油断ができない。そこで、介護保険サービスは利用せず、ボランティア事務所が訪問回数を一時的に増やして対応することになった。

認定調査から認定が出るまでは、長くても1カ月だ。「その間だけ回数を増やせないだろうか」という川崎さんの提案をボランティア事務所は快諾した。

社協との協働開始

社協との協働も始まった。日常生活自立支援事業の支援計画をつくり、契約までをサポートする社協の専門員は、川崎さんと何度か仕事をしたことがあった。契約に至るまでの間も、地域包括を巻き込み、織田さんの金銭管理が滞らないような支援を行った。

障害福祉課との情報共有

織田さんは、高齢者であると同時に、障害者でもある。川崎さんは、片腕欠損や知的障害に関しての情報共有を行うために、市の障害福祉課にも出向いた。

相変わらず縦割り行政の感は否めないが、以前より少しは改善されているかもしれない。現に、後に行政にも参加を要請する会議を開催することになるが、地域包括か障害福祉課のどちらかが出席するといった程度の横の連絡はあった。

近隣と民生委員へのあいさつ

近隣からの苦情があるということであり、近隣住民へのあいさつに行ったり、地域包括に民生委員を紹介してもらったりもした。近隣住民も民生委員も、公的な支援が入るということに対して、「それはよかった」と口を揃えた。

医療機関への同行と交渉

川崎さんは、病院に付き添った。織田さんは、片腕切断の事故以降、30年ほど医療機関を受診していなかった。主治医意見書をもらうための診断の意味もあるが、併せて健康診断の目的でも受診は不可欠だった。幸い、重篤な疾患は見つからなかったが、高血圧の継続治療が必要なことがわかった。

降圧薬が朝夕2回服用で処方されることになった。診察に同行していた川崎さんは、「1日1回で昼服用にはできないか」と交渉した。「織田さんは服薬管理が難しい」と推測できたからだ。誰かがサポートできる形にしたい。交渉は成功。医師は、「1日1回昼食後に服用」にしてくれた。

川崎さんは、病院に付き添った
ケアマネジャーの苦手な事項として、医師との連携が取りざたされて久しいですが、この場面で川崎さんは積極的な医師との連携に努めていることがわかります。医療との連携はその専門性の違いから困難もありますが、利用者の支援のためには必ず必要なことなのです。（109頁「医師との連携」参照）

介護サービスの利用で変わったこと

認定結果が出た。**要介護1だった。**ボランティアの中心メンバーだった伊沢さんは旧ヘルパー2級研修を修了しており、訪問介護事業所の登録ヘルパーとなって、織田さんの支援を継続してくれることになった。また、デイサービスのお試し利用を行ったところ、織田さんのお眼鏡にかない、週3回利用することになった。デイサービスに行かない4日間は訪問介護を利用することが決まった。

ケアプランの内容、つまり、ニーズに基づく目標やサービス内容などについては省略するが、ボランティア事務所が単独で支援を行っていたときに比べ、ケアプランという設計図に基づき、ケアチームで目標を共有しながら支援を行うことによるメリットが徐々に現れるようになった。

最大のメリットは、織田さんがサービスを受けるだけの立場ではなくなったことだ。腰痛が軽快したこともあり、例えば、洗濯物は洗濯機に入れておく、夕方には洗濯物を取り込む、ごみは収集日に決められた場所に出す、食べたら食器を洗うなど、「暮らし方」を身に付けていったのだ。知的障害と認知症があっても、ヘルパーと一緒に、何度も繰り返すことで、

要介護1だった
要介護1は大変悩ましいものです。要介護1は、要支援2と状態の程度は同じですが、認知機能の低下と状態の安定性の観点から要介護の方に振り分けられたものです。そのため、次回更新の際に認知機能や状態が「改善」と判断され、要支援2に戻ってしまったとしたら、という不安が残ります。要介護1と要支援2の「行ったり来たり現象」は何とかしてほしいものです。

それが可能になった。

身なりも小ぎれいになった。週に3回風呂に入り、洗い立てた洋服を着て街に出る。多くの人にとっての「当たり前の暮らし方」ができるようになった。

もちろん、雨の日にごみ袋を着て自転車に乗ることはなくなり、ヘルパーが買ってきた雨合羽を着用するようになった。そう、雨の日も風の日も自転車に乗って、いろいろなところに出向く「織田さんらしい楽しみ方」は、しっかりと継続していたのだった。

デイサービス事業所の包摂力

織田さんのお眼鏡にかなったデイサービスだったが、利用者の中には戸惑う人もいた。

人が好きな織田さんは、誰彼なしにちょっかいを出す。地域の有名人であった織田さんゆえに、以前から気味が悪いとレッテルを貼っていた利用者がいた。

織田さんを知らない利用者の中には、気味悪がる人も多かった。「あの人、何とかして」「来させないで」「来ない日に私の利用日を変更して」などと言う利用者もいたらしい。「らしい」というのは、後にデイサービスのスタッフが知らせてくれたからだ。

デイサービスのスタッフは、織田さんが危害を及ぼす人ではないことを利用者に丁寧に説明するとともに、ちょっかいを出す織田さんに対しては、「そういったことはしないでくださいね」などと言い続け、ほかの利用者から嫌がられずに、それでいて織田さんが比較的自由に行動できる環境をつくってくれた。

「ここまで来るのに半年かかりましたよ」としみじみと語るスタッフに、川崎さんは、深く感謝した。「ここのデイサービスなら、何とかしてくれそうだ」と選んだ川崎さんだったが、予想以上の包摂力を発揮してくれたのだ。

疑惑

社協の提供する日常生活自立支援事業のサービスが始まった。利用しているのは、預金の引き出し、水道光熱費など公共料金の口座引き落としの手続きなどだ。サービスを利用した結果、わかったことがある。預金額が増え始めたのだ。1割負担とはいえ、介護保険サービスの利用料は以前にはなかった負担だ。日常生活自立支援事業の利用料や被服費（以前は着た切り雀の感じ）なども新しい出費だ。ほかの生活はあまり変わらないので、出費はそれなりに増えている。ところが、以前はほとんどなかった預金が急に増え始めたのだ。

妹への疑いはかなり強まった。ただし、証拠はない。地域包括に相談を持ちかけたが、「証拠がないんじゃ、仕方がありませんね」と言われ、そのままにすることになった。

警察からの電話

織田さんの暮らしはかなり安定し、ケアマネジャーの訪問頻度もめっきり減った。そんなある日、**川崎さんに警察から電話があった**。なんと、織田さんがスーパーでお金の支払いをしていない物を食べてしまったというのだ。織田さんはスーパーで夕飯用の弁当を買ってくるのを日課としていた。いつもはきっちりと会計をしていることを川崎さんは知っている。

川崎さんに警察から電話があった
警察との連携は少し気が引けるかもしれませんが、これも支援をする上で重要です。立場は違えど警察も地域の問題に取り組む一員であり、徘徊する利用者の保護など、関わる機会も多くあります。（112頁「警察との連携」参照）

「それなのになぜ?」と不思議だった。「認知症が進んだのだろうか? それよりも、なぜ警察は私に連絡してきたのだろうか?」とも思う。

そのことを警察に聞くと、「妹さんに電話したところ、あなたの連絡先を教えてくれました」と言う。すぐに川崎さんがスーパーに駆けつけると、織田さんはスーパーの店員と笑顔で話をしていた。

「帰ってもらってもよかったのですが、警察に連絡したのと、警察の人が、福祉の人が迎えに行くからというので、待っていただくことにしました」

店員はそう言うと、「大げさにしたくなかったんですが、一応、窃盗ですから」と付け加えた。

お金を払わずに食べたのは、菓子だった。**スーパーの店員は、毎日のように買い物に来る織田さんを知っていた**。

「それとね、警察から、間違いを繰り返さないように福祉の人と相談してほしいと言われたんですよ」

川崎さんは、これは難問だと思った。一度や二度言っただけで、行動が改まるような織田さんではない。年上の人をきつく叱るのは避けたいし、脅すような注意もしたくなかった。どうしようかなと思案に沈む川崎さん

スーパーの店員は、毎日のように買い物に来る織田さんを知っていた

生活必需品を扱うスーパーは、社会の最重要インフラの一つで、利用者にとっても例外ではありません。また、毎日のように利用する場所であるため、利用者にとって大変身近な地域資源でもあります。利用者の見守りや変化の気付きに協力いただければ、こんなに心強い味方はありません。

であった。

会議

スーパーでのできごとから1週間後、社協で会議が開かれた。集まったのは、警察官、障害福祉課の職員（地域包括は都合がつかず）、スーパーの店長、社協に所属する日常生活自立支援事業の専門員、民生委員、ボランティア時代からのヘルパーの伊沢さん、そして、ケアマネジャーの川崎さんである。川崎さんと社協の専門員が共同主催者となり、集まってほしいと呼びかけたのだ。なお、織田さん本人は参加していないが、こうした話し合いを持つことに関しては、本人から承諾をもらっている。妹は用事があるので欠席となった。この会議とは別に、織田さんが参加するサービス担当者会議があり、主治医や介護保険サービスの担当者はそちらに参加する。

さて、この会議を開催したのは、「間違いを繰り返さない」ための方法に頭を悩ませた川崎さんが、専門員と一緒に考えた結果だった。1人ではなく、みんなで知恵を出し合うのが得策だ。そうすることで、**「地域のケ**

アカ」も向上する。

川崎さんが司会者となり会議を進行した。まず、今回のできごとを説明した後、参加者それぞれが持っている織田さんについての情報を、困っていることを含めて順番に話してもらった。

地域の力

知らないことが次々に語られた。

スーパーからは、織田さんは、20年前に開店した当初からの客であること、誰にでも話しかけるなどの素行から、最初は客から怖がられたこと、しかし、危害を加えるわけではないため、店のほうから追い出すことはせず、客の1人として接したこと、そのうちに客も慣れてきたこと、新しい客からは苦情が寄せられることがあるが、その都度、「大切なお客さまの1人であり、温かい目で見てほしい」と説明を続けてきたことなどが披露された。ただ、ここ数年、一見、ホームレスのような身なりになってきていたので、客の苦情も多くなっていた。ところが、数カ月前から身なりも小ぎれいになったので、安心していたところ、今回の事件が起きてびっく

「地域のケアカ」も向上する

知的障害や精神障害、または認知症などの人の地域での生活を継続させるためには、周囲の人々との良好な関係が大切です。周囲の人が迷惑だと感じる利用者の行動が募るほど、疎外する力が強化されます。ケアマネジャーはこのことを熟知しているので、周囲の人々との関係は強い関心事となっています。(114頁「地域との連携」参照)

りしていると付け加えられた。ちなみに、数カ月前とは、介護サービスの利用が始まった頃である。

民生委員からは、まず、ごみ出しの問題がなくなったことに感謝が述べられた。続いて語られたのは、出席者の多くが知らないことだった。織田さんには、少し困った癖というか問題行動があり、時々他人の家の庭から道路にはみ出した庭木の枝を折ってしまうというのだ。折られる木はいつも同じだ。織田さんが犯人だと発覚したのは、10年くらい前。近隣住民に目撃されたからだ。目撃した人が「折っちゃだめだよ」と注意したら「すみません」と素直に謝られたので、もう大丈夫かと思っていたのだが、その翌年にまた折られ、何度か繰り返されてきた。その木が植わっている庭の持ち主が寛容で、「あの人がやるんだったら仕方ないね」と半ばあきらめ気分で理解を示していた。ところが、持ち主が子どもの代になったので、今までのように理解してくれないかもしれないと民生委員は言った。

警察からは、窃盗容疑の事件は、今回が初めてであること、それとは別に、自転車で転倒して救急搬送されたことが5回ほどあること、高齢になって身体機能が衰えていると思われるので、自動車でいう運転免許返納のように、自転車での出歩きをあきらめてもらうように働きかけてもらえないかという相談があった。なお、乗っている自転車は障害対応の自転車で片手運転は可となっていることの説明もあった。

障害福祉課からは、身体障害者手帳の等級は2種2級、労災保険の等級は4級であること、**年金は併給調整の上で支給されている**こと、知的障害に関しては、療育手帳は発行されていないことなどが伝えられた。

そのような話が続いた。川崎さんは、それぞれの立場で織田さんを支えている地域の力を肌で感じたのであった。

会議では、何かが起きる前に積極的に声をかけていこう、お互いにできる範囲で、本人のできないことをさりげなく援助していこう、ケアマネジャーに情報を集中していこうなどが決まった。また、各参加者は、会議の開催の意義を認め、「定期開催にしたい」という川崎さんの提案に賛同した。

認知症が進行する中で

介護保険の更新認定で、織田さんは要介護2となった。認知症が少し進

年金は併給調整の上で支給されている

年金受給に関する支援を、みなさんはどのくらいしているでしょうか。そもそも年金の仕組みは複雑でわかりにくく、最初から尻込みする方も多いのではないかと思います。しかし、利用者の収入を増やす支援は重要であることに違いありません。家族への助言からでももちろんＯＫ！　年金受給の支援、始めてみませんか？

行したからだ。民生委員が危惧したとおり、織田さんは、また庭木の枝を折った。今度は、庭木の持ち主が警察へ通報した。警察から織田さんに連絡があり、織田さんは、本人を連れて詫びを入れた。

自転車で転倒することも多くなった。幸い大きなけがには至っていないが、いつかは重篤な事故につながるのではないかと、川崎さんは心配する。

自転車といえば、デイサービスの日を忘れ、その日の朝に自転車で外出することにも困っている。ただ、社協で開かれる会議やサービス担当者会議のメンバーたちの見守りの目が光り、「今日はデイサービスの日だよね。○○のところで織田さんを見かけたよ」などと連絡が川崎さんに寄せられる。可能であれば、デイサービスの送迎車にそちらに向かってもらったり、また、川崎さんが目撃現場に直行し、織田さんに家に戻るように言ったりする。

苦労することも多いが、ケアマネジャーの川崎さんは、多くの人が支えながら、織田さんの在宅生活が続いていることを実感している。その報酬は、相変わらず人懐っこい、織田さんのとびきりの笑顔である。

Lecture
サービスの調整・多職種との連携

ケアマネジメントの実践において、サービスの調整・多職種との連携ほど頻度と難易度が高いものはありません。しかし、よく考えてみればケアマネジャーの日々の業務は、このサービスの調整・多職種との連携の連続です。

物語で登場したケアマネジャーの川崎さんは、懇意にしていたボランティア事務所から織田さんの紹介を受けたことをきっかけにデイサービスや地域包括支援センター、社会福祉協議会や警察、さらにはスーパーの店長までも巻き込んで織田さんの支援を進めていきました。

この章では、川崎さんが実践したサービスの調整・多職種との連携のポイントを確認しながら、その考え方を学んでいきましょう。

1　頻度・難易度ともに高いサービスの調整・多職種との連携

早速ですが、みなさんは普段から、次のような対応をしているのではないでしょうか。

訪問看護・管理者：「最近脱水傾向です。水分補給を日に少なくとも1200㎖はお願いします」

↓デイサービスとショートステイに依頼。

ショートステイ・生活相談員：「ご家族から電話があり、家族の急用のため明日から1週間のショート（ステイ）利用の依頼がありました」

↓家族へ電話をして事情と意向の確認、ほかのサービス事業所へ連絡し、予定のキャンセル。

福祉用具専門相談員：「自宅でのモニタリングのとき、利用者さん自身から、レンタル中の車椅子はいらないので引き上げてほしいとの希望がありました」

↓車椅子は通院などの外出のために必須。近いうちに訪問するので、そのときまでは車椅子を自宅にそのまま置いてもらうよう、利用者への伝言を依頼。

このようなことは日常茶飯事であり、多くの場合電話やFAX、メール、SNSなどの活用で済ませることができます。しかし、ときにはそれらの手段では、サービスの調整・多職種との連携が困難となる場合があります。なぜなら調整・連携には、「相手」が存在するからです。ここでいう相手とは、利用者や利用者の家族、サービス提供機関・病院などの担当者、近隣や知人などの関係者であり、それぞれにさまざまな事情や利害が存在しています。仮にこの相手の事情や利害を踏まえない調整や連携をすれば、対応が難航し、電話などの手段で済まされなくなる恐れがあります。

例えば、先ほどの脱水症状の利用者について、デイサービスとショートステイに水分補給を依頼しても、「もちろん、こちらでも努力はしているのですが、全然飲んでいただけないですよ」といった返答が来たら、どうしたらよいのでしょうか。急なショートステイの依頼についても、1週間の短期入所利用追加で区分支給限度額を超過する場合、家族にどのように説明すれば理解をしてもらえるのか、頭を悩ますことになります。あるいは福祉用具の引き上げの依頼について、現場にいる福祉用具専門相談員から、「しかし、利用者さんが興奮していて車椅子を持って帰れと怒鳴っています」と返されたら、それでも「置いておいて」と言うことは難しいのではないでしょうか。

このように、サービスの調整・多職種との連携は、私たちの日常において非常に頻度が高く、また、ときに厄介なものとなります。逆に言えばこれらを上手に切り盛りすることができるのなら、ケアマネジャーの業務効率を大いに上げることができますし、無用なストレスにさらされなくて済むかもしれません。ケアマネジャーにとって、サービスの調整・多職種との連携を向上させるための検討は、非常に重要かつ有用と言えるでしょう。

関係機関からの依頼

ケアマネジャーの側から見れば、利用者を支援する組織や担当者は一つひとつの社会資源ですが、利用者を支援する関係機関やその担当者の立場からは、ケアマネジメント、つまり、支援全体を包括する管理者として認識されています。したがって、ケアマネジャーへの支援の依頼は、「あなたを支援に関する管理が上手にできる人として認めました」と評価を受けたことと捉えることができるのです。同様にケアマネジャーもそれらの関係機関や担当者を、「利用者支援が上手にできるか」という基準で評価して利用者に紹介し、ケアプランに位置づけていきます。これも重要なプロセスであり、物語で川崎さんも織田さんのために選んだデイサービスを再評価していました。

「仕事は忙しい人に頼め」はビジネスの世界では言い古された言葉ですが、私たちの業界でもまったく同じことが言えるでしょう。依頼の途切れないケアマネジャーは各方面からの評価が高いケアマネジャーである可能性が高いのです。

2　サービスの調整・多職種との連携＝「交渉」

私たちケアマネジャーは先ほどの例で見たような状況を、サービスの調整・多職種との連携と呼んでいますが、これを相手の事情に十分配慮し、互いの利害を乗り越えて物事を成就させるための「交渉（negotiation）」と捉えてみましょう。

ケアマネジャーに限らず人間の生活は、この交渉の連続で構成されているものです。例えば、朝は家族とトイレの順番を譲り合ったり、電車ではほかの乗客と座席を譲り合ったりすることも一種の交渉です。職場で急な電話対応が必要なときは掃除当番を代わってもらう、買い物に行って値切る、家族とテレビのチャンネル権を争うなど、ごく些細《ささい》なことであっても、「相手」との分かち合いや譲歩がなければ成立しないものばかりです。もちろんビジネスシーンでは、桁違いの額を扱う取引も交渉によって成立しますし、国家同士の外交も交渉によって友好かつ平和裏に行われます。交渉は社会的・経済的に重要な概念であり、あらゆるシーンで用いられます。

交渉学を研究する田村氏は、交渉について「確かに交渉は、一種の知的なゲームである。相手を読み、現場で問題を処理する、高度で知的なゲームかもしれない。しかし、そのゲームには、勝ち負けはない。そこにあるのは、利益を作り出せたかどうか、ということだけである（傍線、筆者）」と述べています（田村ほか 2010：17―18）。介護現場には「利益」という言葉はなじみにくいものですが、利用者の生活が継続していることや事業所の運営が成り立っていることを広い意味で「利益」と捉えるならば、この考えは多くの示唆に富んでいるように思われます。

また日本には「三方よし」という言葉もあります。この「三方よし」とは、元々近江商人の持つ「売り手」「買い手」「世間」すべてを満足させる交渉や取引を目指す発想です。近江商人は、これにより取引相手の利益と自己の利益を調和させることによってもたらされる継続的関係を重視していたのです（同 129）。ケアマネジメントにおける「世間」を満足させる取り組みというのもなかなか難しいですが、世間の評判を上げることや介護保険制度における適正給付への貢献ということになるでしょう。

金銭管理の支援に関する連携と日常生活自立支援事業

人は誰しも、自らのお金にまつわることを他者に包み隠さず話すことに、躊躇《ちゅうちょ》を覚えるものです。常に「食べていけるのか」「将来は大丈夫か」と不安を抱えている人もいますし、自身の現実の状態と、他者からの認識とのギャップが大きなストレスになることも少なくありません。恨み、ねたみ、そねみなど、負の感情を抱く、もしくは他者に抱かせるのに十分な要素を持つのが、金銭に関する個人情報です。

織田さんの金銭管理について疑問を感じた川崎さんは、まず行政（地域包括支援センター）を巻き込むことを決意します。なぜなら、「私たちの身を守ることにもなります」とのセリフでわかるとおり、ケアマネジメントによる支援がさらに奥へと踏み込んだ領域に達することを認識したからです。

ケアマネジャーが利用者のお金のことで動き出したとなれば、利用者自身はもちろん、家族や周囲から違った見方がなされる可能性が高くなります。必要な支援のための正当な行動だと認識されることはかえって少なく、「何かを企んでいるのでは」などの色眼鏡で見られることも十分にあるため、その疑念を払拭する必要があります。そこで、川崎さんは行政（地域包括支援センター）を巻き込むことで、自らの行動が公明正大であることの担保としようとしたわけです。

そして実際に、社会福祉協議会の日常生活自立支援事業の活用を提案しました。物語では成年後見制度との比較として、利用手続きが簡単で即効性があると説明されていますが、それだけではありません。日常生活自立支援事業は基本的に利用者と社会福祉協議会との契約締結により開始されますが、成年後見制度は利用者の同意がなくとも家庭裁判所による後見開始の審判がなされることで開始されるといった違いがあります（補助開始を除く）。また日常生活自立支援事業においては、金銭管理や書類の預かり等の契約条項のみの関与ですが、成年後見制度の場合は包括的な権限が成年後見人等に付与されるため、利用者への侵襲性が極めて高くなります。したがって、侵襲性の低い日常生活自立支援事業で織田さんの生活を賄えるのであれば、その選択は織田さんの意思の尊重という意味でも良い選択であると言えるでしょう。

3　アサーティブコミュニケーション

私たちはサービスの調整・多職種との連携の過程においてトラブルが発生した際、どのようにそれに対処しているのでしょうか。多くのケアマネジャーから聞かれるのは、「こちらが悪くもないのに、苦情を言われ仕方なく謝った」「葛藤を抱える利用者と家族の間に立ち、仲裁をして嫌な目にあった」「約束を忘れたのは利用者のほうなのに、こちらが責められた」「利用料を支払わない家族に代わって請求書を受け取って困った」などの声です。中には「普段の仕事の中で一番使っている言葉は、『すみません』や『申し訳ありません』ですよね。ケアマネって、誰かに謝り続ける仕事なのでしょうか？」とつぶやくケアマネジャーもいました。

確かに迷惑をかけたり、お世話になったりしたときに謝罪や感謝の言葉を述べることは当たり前のことですが、必要以上にそれらを使う必要はありません。タイミングにそぐわない謝罪や感謝の言葉は、かえって誤解のもとになる場合もあります。では、私たちケアマネジャーがもっと正直に、誠実に、率直に、そして堂々と自らの意思を表明するためには何が必要なのでしょうか。

最近、特にビジネスシーンにおいて、アサーティブコミュニケーションが注目されています。アサーティブ（assertive）とは、「正当に主張する、積極的にはっきり自分の意見を述べる、自信のある態度を保つ」などを表す言葉ですが、アサーティブコミュニケーションは、自己表現だけでなく、対等である相手への配慮を十分に行うコミュニケーションであり、各々の責任を明確にすることが重要とされています。

また、ケアマネジャーには、コミュニケーションの中で「協調的交渉」と呼ばれる技術も求められます。具体的には「『どうしたら双方にとって最優先の欲求を満たすことができるだろうか』、『対立しているのは〔われわれVS問題〕であり〔私VSあなた〕ではない』というような観点に立って、双方の問題を再構築し、争点（対立点）を見直すこと」であるといわれています。そこでは、最初にどの争点から取りかかるかが大事なポイントであり、最も激しく対立している争点を見極め、「問題の見直し」を図ることが重要だとされています（野沢 2017：92）。

これらを踏まえると、次のような利用者の家族とデイサービスの管理者とのやりとりにおいて、ケアマネジャーはどのように関与すべきでしょうか。

家族：「うちの母はどんどん歩けなくなっているので、心配しています。お宅のデイサービスではどのようにしてもらっているのでしょうか？　確か機能訓練が充実していることがお宅のご自慢で、その分の料金も払っているはずですが！」

管理者：「お母さまのご病気は進行性なんです。リハビリをしたからといって、進行を避けることはできません。主治医に聞いておられませんか？」

家族：「何よ、うちの母の何を知っているの!?　あなたが病気のことをとやかく言う必要はないわ！」

管理者：「とやかくではなく、進行性の病気であるという事実をお伝えしているだけです。歩きにくくなっている責任を押しつけられても困ると申し上げております」

家族：「押しつけるなんて誰も言ってないわ！　ひどい言い方。お宅の利用について考え直そうかしら……」

ここでは、利用者の歩行に関して見解が食い違い、対立構造となってしまっています。特に家族のほうは大変感情的となり、お互いの意見や考えが相手に届いていません。この構造をひも解くと、本来対立しているのは「利用者　対　歩行のＡＤＬ問題」であり、「家族　対　デイサービス」ではないのですが、介護現場においては往々にしてこのような誤った対立軸となってしまうものです。介入するケアマネジャーは、激しい感情の渦の中で焦燥し、「ご家族の気持ちもデイサービスの言い分もよくわかるのですが、もっと落ち着いてお話しませんか？」などとその場を取り繕うことに汲々《きゅうきゅう》としてしまいます。しかし、この「家族　対　デイサービス」の対立軸は誤ったものであるため、巻き込まれてはいけません。ケアマネジャーには、正常な状態への軌道修正が求められます。

では、どのように声かけをすれば、軌道修正ができるのでしょうか。先ほどのやりとりの続きを見てみましょう。

ケアマネ：「まずは状況の整理をしましょう。ご家族のおっしゃりたいことは、お母さまの歩行状態が思いどおりにいかず、とても心配していらっしゃるということ、そして、その原因がデイのリハビリにあるのではないかと感じていらっしゃるということでしょうか？」

家族：「そのとおりです」

ケアマネ：「そしてデイサービス側は、リハビリに問題があるのではなく、利用者さんの疾患の特性上やむを得ない面があるとのご意見でしょうか？」

管理者：「そのとおりです」

ケアマネ：「一方がデイのせいだと言い、もう一方が病気のせいだと言うだけでは、話は平行線でお母さまのためにはなりません。大切なことはお母さまの歩行が安定することではないでしょうか？」

家族・管理者：「……はい」

ケアマネ：「ありがとうございます。それではそのことを中心においてお母さまのための話し合いの場とすることとしましょう。私の意見を言わせていただくと……」

いかがでしょうか。例のようにうまくいくとは限りませんが、ずれてしまった争点を整理し、それをはっきりと伝えて軌道修正をしなければ、利用者のための支援にはつながりません。また、このコミュニケーションの方法は利用者と利用者家族が対立したときにも使える方法です。

医師との連携

日本のケアマネジャーの苦手な事項として、医師との連携があります。

ケアマネジャーが医師との連携をなぜ苦手と感じるのか。この問題については、さまざまな分析が行われてきましたが、筆者は、原因を追及し状態改善を図る時代は終わったと見ています。つまり、医師とケアマネジャーが有機的に連携することは、当然に要求される時代となっており、いまや「連携できているか」ではなく、「いかに連携しているか」が問われているということです。

物語で川崎さんは、降圧薬の処方を交渉によって、1日1回の服用にすることに成功しました。織田さんの生活を考えると、1日1回なら確実な服用を援助できると確信したからです。川崎さんのこのアセスメント力と交渉術が素晴らしいことはもちろん、医師の取った柔軟な姿勢も忘れてはなりません。立場は違えど、目指すところは、「織田さんがもれなく服用する」

ことであり、それを共有したからこそ、協働できたのです。両者の合理的な態度が有機的な連携を生み出しました。

4 アサーティブコミュニケーションを用いた多職種との交渉

先述のとおり、多職種・事業者間の交渉において、ケアマネジャーは不全感を抱くことが多くあります。「利用者のために」という目標は共通しているはずなのに、互いの立場や利害、あるいは専門性の違いによって、望まない対立構造が生まれるのも悲しい現実です。アサーティブコミュニケーションはこのような現実に一石を投じる、有力な概念と言えるでしょう。ここでは、アサーティブコミュニケーションを用いた多職種・事業者間の交渉について具体例を見ていきましょう。

場面はサービス担当者会議。認知症が進行し要支援から要介護2と認定された女性利用者に、訪問介護を提供するケアプラン原案の審議を行っているところです。（傍線部がアサーティブコミュニケーションが生かされている発言）

ケアマネ：「Aさんは物忘れや判断のしにくいことなどが増えてきており、介護認定の変更手続きを行ったところ、要介護2と認定されました。Aさんが今後も地域でAさんらしく暮らしていくために、ホームヘルパーの利用は非常に有効です。ヘルパーの利用を提案したところ、Aさんから快諾をいただきました」

サービス提供責任者（以下、サ責）：「Aさんの現在の状態とヘルパーへの期待がよくわかりました。Aさんの暮らしが潤いのあるものとなるよう、全力でご支援申し上げます」

ケアマネ：「ヘルパーさんに期待する具体的な内容をご説明します。訪問介護費算定における、『自立生活支援・重度化防止のための見守り的援助』をお願いしたいと思っています。これによる支援はAさんの残された力を引き出すことに効果絶大と言えます」

サ責：「よく理解できました。ただし、『共に行う』ことにも限度がありますし、ヘルパーの負担も少なくないことも事実です。具体的にはどのような支援を想定していますか？」

ケアマネ：「家事の一部をヘルパーさんと一緒に行っていただければと考えています。掃除や整理整頓、調理・配膳・後片づけなどをAさんと力を合わせて行ってください。貴事業所のヘルパーさんの実力はよく知っているつもりです。自信を持ってAさんにおすすめしています」

サ責：「そのように評価していただき恐縮です。ヘルパーの教育の徹底をさらに図り、より適切な『自立生活支援・重度化防止のための見守り的援助』を実践します。ただし、この実践によりAさんにかかる負担が重くなったり、さまざまなトラブルが生じたりしたときには、遠慮せずケアマネジャーさんに意見を申し上げます」

いかがでしょうか。サービス担当者会議の目的である、Aさんのホームヘルパーの導入のための議論が、力強く展開されています。アサーティブな態度は課題を明確にし、解決のための議論を活性化させ、リスクを共有し、成功に向けての強固な協力体制の構築に結び付くのです。

警察との連携

知的障害や精神障害、または認知症などの人を支援する上では、警察との連携も避けて通ることはできません。ケアマネジャーとしてはあまり気が進みませんが、警察から連絡が来たとなれば、対応を拒否することはありません。

警察との連携がほかと違うのは、警察という組織の持つ機能に関係します。警察にはあくまでも犯罪を未然に防ぎ、市民の安全を守るという、絶対的なミッションがあります。その対象に例外はなく、知的や精神の障害、または認知症などの人もまたその対象です。物語でいえば、織田さんがスーパーで無銭飲食をしたことを窃盗として取り締まるのが警察の役目であり、「二度と繰り返してはならない」ことを徹底させる立場にあるのですから、警察の取った行動は間違いではありません。とはいえ警察も、例えば織田さんを拘束、尋問しても効果はないと判断したため、福祉関係者に助けを求めてきたのでしょう。つまり、警察も困っているのです。事実、後日開催された会議に警察も出席しています。織田さんに関する地域での困りごとの一つが、警察にもあるのだということがよくわかります。

5　サービスの調整・多職種との連携にもプロセスが大切

ケアマネジャーには、「利用者とその家族の生活を何とかする」という責任がありますから、この「何とかする」ための方策を講じる必要があります。具体的には、各種の介護サービスなどの社会資源を活用して、「何とかなる」状態を目指すケアプランを作成することになりますが、「何とかする」ためには手段を選ばないという態度は、言うまでもなく禁物です。なぜなら第1章で見た、ラポール（職業的な信頼関係）を十分に保持して支援を続けなければならないからです。そして「何とかなった」後に、「あのときはケアマネさんに頑張ってもらった」「寄り添ってもらってうれしかった」「夜中でも電話を取って愚痴を聞いてくれた」などの、具体的なエピソードが残ります。このエピソードがケアマネジメントの成否を分ける、非常に重要な要素と言えます。

サービスの調整・多職種との連携にも利用者への支援と同様に、プロセスが非常に大切です。サービスの調整・多職種との連携は言い換えると、「チームアプローチ」ですから、チームで一つの物事を成し遂げようとするプロセスです。目標は、「利用者・家族のより良い暮らし（well-being）

の実現」ですから、チームメンバーは献身的に役割を遂行し、各々の職業的自己実現を果たそうとします。そしてここでも、そのプロセスの中で人間らしい温かで優しい、思いやりのあるコミュニケーションを求めるものです。「このメンバーで支援できてよかった」「また次もこのチームでやりましょう」などの声が上がる連携のあり方が、理想的ではないでしょうか。「利用者・家族のより良い暮らし（well-being）の実現」は単なる成果物ではなく、利用者・家族にはもちろん、チームメンバーにとっても大変貴重な財産となるものです。アサーティブコミュニケーションを大いに活用して、利用者・家族のためにしっかりとした、サービスの調整・多職種との連携を果たしていきたいものです。

地域との連携

地域との連携は重要ですが、一口に地域といってもそれぞれの地域の特徴はさまざまです。住民によっては、少しの迷惑行為でも目くじらを立てて、認知症などの人を糾弾しようとすることもありますし、さらには、自治会などで徒党を組んで「集団 対 個人」の様相をもって、地域社会から排斥しようとすることもあります。「認知症の人の人権もわかるが、迷惑をかけられる立場にもなってみろ」という思いなのでしょう。

そのような住民との間で板挟みとなることもあるケアマネジャーですが、安易に「認知症が進めばさっさと施設に入ったらよい」などと考えるケアマネジャーなど、存在しないはずです。これは施設を否定しているわけではありませんが、「たとえ認知症が進行しても、本人が望む限り、地域で暮らし続けるのを支えたい」という支援者としての思いと責任は、ケアマネジャーの職業倫理でもあると思います。ケアマネジャーにとって、「利用者のために」が最高の職業規範なのです。

このことを十分に認識している川崎さんは、織田さんが望む地域での暮らしを継続させるために、会議を開いて意見を募る、織田さんと地域との歴史に思いをはせる、支援に有益な情報を得て対処方法を検討する、織田さんの状態改善の情報に接し、自らの支援の成果を確認する（モニタリング）など、会議を実に有機的に活用しています。そして何より素晴らしいのは、この会議を定期開催に昇華させたことです。なぜなら会議が定期的に開催されるということは、織田さんの地域生活の継続を参加者の誰もが妨げないという、何よりの担保になるからです。川崎さんのその見事な手腕は、私たちの良いお手本とすることができます。

もっと知りたい

人と環境の交互作用という見方①

ソーシャルワークでは、クライエントの抱える生活上の問題を個人と環境の交互作用の結果と考えます。この考え方の背景にあるのがシステム理論や生態学の考え方です。図1を見ていただくと、人がさまざまなシステムに囲まれて存在していることがわかります。

ソーシャルワークに生態学的視点を取り入れたジャーメインとギッターマンは、私たちが通常「問題」「生活問題」「課題」などと呼んでいるクライエントが抱える生活上の困りごとは、クライエント個人の力が何らかの理由で弱っているだけで起こるわけではないと考えました（ジャーメイン、ギッターマン／田中ほか監訳 2008：10―18）。

人はさまざまな事柄に対処していく力（対処能力）を持っています。日常生活のさまざまなできごとに対して情報を収集し、そこから状況を認知し、適切な行動を選択し、周囲の環境に対して働きかけることで生活を送っているのです。この対処能力が身体機能の低下や認知機能の低下によって小さくなると、それまでのように適切な対処行動が取れなくなります。

しかし、対処能力だけですべてが決まるわけではありません。例えば、下肢筋力が低下してきたとき、その人がエレベーターのない集合住宅の2階に住んでいれば外出すら難しくなりますし、家の中に段差がたくさんあったり、布団で寝起きしていたりすると、家の中を動くことすら不自由になります。しかし、その人の住む家がバリアフリー構造で段差がなく、手すりが付いて、ベッドがあれば、生活の不自由さは小さくなります。このように、生活上の問題（ジャーメインたちはこれを「生活ストレス」と呼びました）は個人の

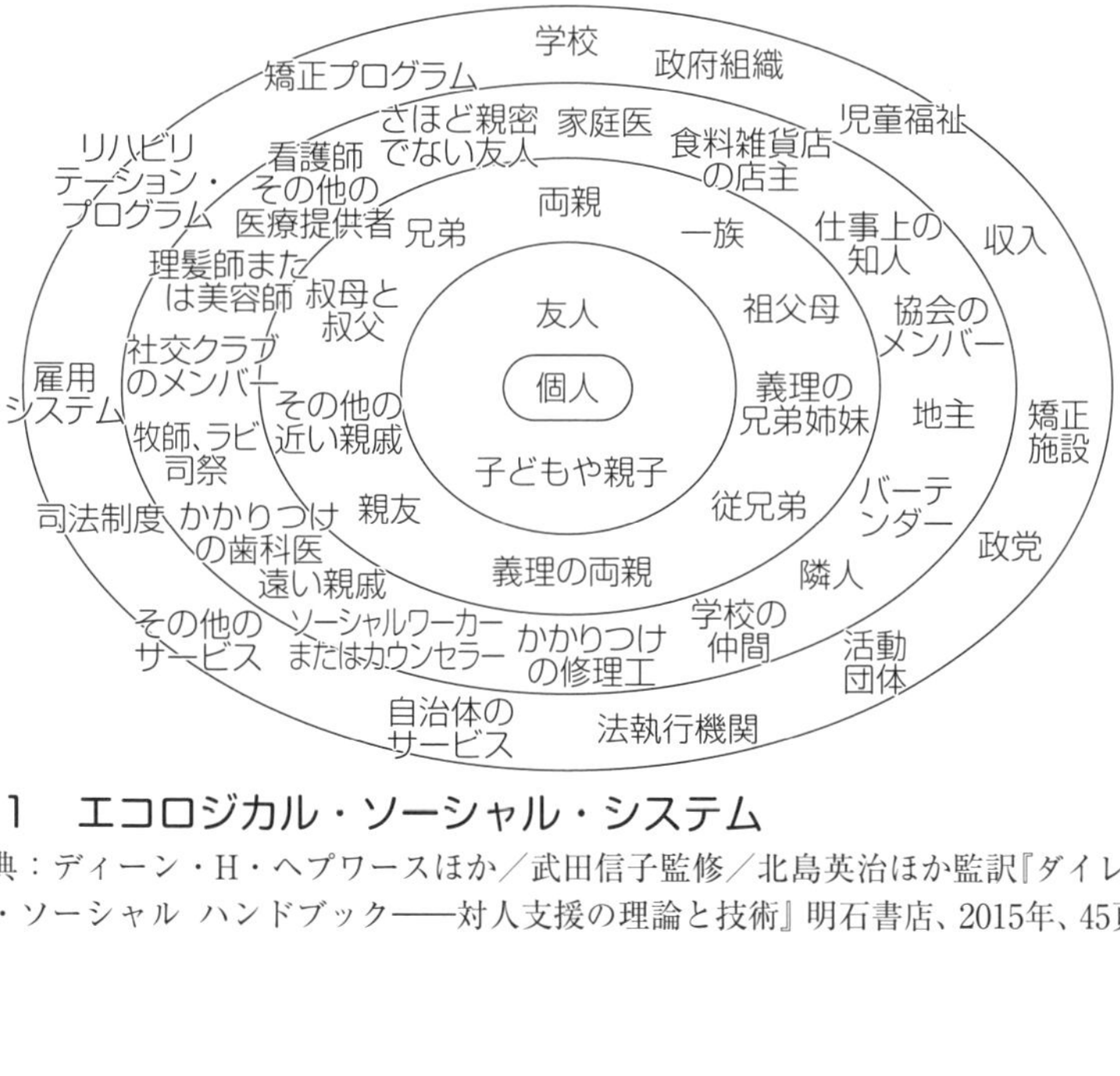

図1　エコロジカル・ソーシャル・システム

出典：ディーン・H・ヘプワースほか／武田信子監修／北島英治ほか監訳『ダイレクト・ソーシャル ハンドブック――対人支援の理論と技術』明石書店、2015年、45頁

力（対処能力）と環境側が個人に合わせてくれる性質（応答性）の双方の掛け合わせによって生まれてくるのです。

私たちケアマネジャーは、老化や疾患によって個人の力が弱ってきている利用者に対して、ベッドのレンタルや住宅改修を勧めることで、利用者を取り巻く環境側の応答性を高めようとしているのです。

【もっと知りたい人のために】

◎足立里江、池埜聡『ケアマネジメントにおける「援助関係の軌跡」――クライアントとの間にあるもの』関西学院大学出版会、2017年

◎寺本紀子、中恵美、林田雅輝、馬渡徳子『ケアマネジャーのためのアセスメント力向上BOOK――「アセスメント見える化ツール」で自信がつく！』メディカ出版、2019年

◎寺本紀子、馬渡徳子『実践に活かすソーシャルワーク技術――利用者が主役になる支援』中央法規出版、2012年

◎吉田光子著／小松聖二漫画『マンガでわかる　ケアマネジャーのためのアセスメント入門』中央法規出版、2018年

◎植田寿之著／青野渚漫画『マンガで学ぶ対人援助職の仕事――在宅介護と介護予防をめぐる人々の物語』創元社、2019年

第3章

地域資源の活用・開発

Narrative

おせっかいをきっかけに

ケアマネジャーの山本嘉男《やまもとよしお》さんがある利用者宅を訪問していたとき、利用者の妻が言った。

「気になる家があるの」

「話は変わるんだけど、主人のことじゃないの」

「はい、何でしょう?」

「ちょっと、気になる家があってね。私、その家の人と知り合いだから、介護保険を勧めたの。だって、ごみ屋敷なんだもの」

話は、いつも唐突だ。

「お弁当を持ってお邪魔したらね、玄関から中が見えたの、奥のお部屋のドアが開いていたから。1カ月ほど前だったわ」

話の主は、水田智子《みずたともこ》さん71歳。**ふれあい型食事サービスの配食ボランティ**

ふれあい型食事サービスの配食ボランティアを続けている

水田さんのような地域の状況を理解し、実力を持つボランティアはみなさんの周囲にもいるかもしれません。介護保険外のサービスの活用も利用者を支援する上で重要な社会資源です。(145頁「ケアマネジャーとインフォーマルサービス」参照)

アを続けている。

「男の人のお宅に、女の私が上がり込むのも、ちょっとどうかと思ったけど、私、思い切って言ったわ」

水田さんは、掃除を手伝いたいと申し出たそうだ。

「だらしないわけじゃないの。歩くのもやっとなの、その人。10年前に奥さんを亡くしてね、ずっと1人暮らし。ご近所付き合いもないようだし、あれじゃ、健康に悪いと思わない？」

「はあ、そうですね」

「もちろん、その人に『いや大丈夫です』って遠慮されちゃったけど、放ってはおけないでしょう。少しだけ、手伝わせてもらったの」

それから、週1回の弁当を届けるたびに部屋の片づけを手伝い、今ではかなりきれいになったらしい。

「やっと、ごみは片づいたわ」

「それは、大変でしたね」

「でも、私だって暇じゃないし……」

「それで、介護保険をお勧めになったのですね」

「そうなのよ。うちみたいに、ヘルパーさんに来てもらったらいいですよって、勧めたの。80歳になったから、きっと出るでしょう、介護保険の認定」

「お年を召しただけで要介護認定が出るわけではありませんけど、一度伺ってみましょうか?」

「うれしい。明日の水曜日はお弁当を配達する日なんだけど、一緒に行ってくれる? ケアマネさんを連れてくるって言っちゃったし、お昼のお弁当だから、10時とか、11時とか、合わせるわよ」

合わせるといっても、極めて狭い選択肢だ。それに、ケアマネの訪問予定を既成事実化しており、まさに、剛腕級の押しの強さだ。水田さんから介護保険を勧められた男性もきっと、こんな感じで押されたのだろうなと同情したくもなる山本さんであった。

それはさておき、**要介護認定を申請して、介護保険のサービスを使う気持ちが本人自身にあるのかを、確かめることが肝要だ。**

要介護認定を申請して……
水田さんは、池西さんに気軽に介護保険を勧めており、要介護(要支援)認定についても年齢によって判定されると勘違いしているようです。的外れではありますが、「介護保険は使いやすくて便利」という認識があるのだと想像できますし、介護保険という社会資源がかなり身近になっていることの表れかもしれません。
(148頁「アクセス抜群 介護保険という社会資源」参照)

驚きのリビングルーム

翌日、水田さんと一緒に男性宅を訪れた山本さんは、通されたリビングルームで目を見張った。部屋を支配するように、人の背丈ほどもある大きなスピーカーが鎮座していたからだ。オーディオアンプは真空管だった。ターンテーブル（レコードをのせる回転盤）もあり、天井までそびえる棚には、透明な袋に入れられたレコードジャケットがぎっしり詰まっていた。スピーカーの箱、真空管のアンプ、ターンテーブルをのせる台など、いずれも手づくりのようだ。山本さんは初対面のあいさつを済ませると、「すごいですねえ」と言わずにはいられなかった。

男性は「池西」と名乗った。ややはにかみながら、「素人の工作ですけどね」と言った。

「音楽がお好きなんですね」

レコードはジャケットの背部しか見えないので、どんな音楽かはわからない。ただ、並んだ感じから見て、ジャズかクラシックか。

「ピアノが好きでね」

「ピアノは、ジャズにもクラシックにもあるぞ」などと山本さんがあれこれ考えていると、**「この人、クラシックが好きなんだって」**と水田さんが割り込んだ。

「ポリーニとかね」と池西さんが言う。

ポリーニ？　山本さんは、クラシックについては明るくない。目を白黒させていると、「同い年でね」と池西さんが言う。

「アルゲリッチよりは、ポリーニが好みなんですよ」

アルゲリッチ？？

「そうですか。クラシックはあまりわからないので、次回までに勉強してきます。いろいろ教えてくださいますか。それにしても、良い音が出るんでしょうね」

「よかったら、聴いてみますか？」

「そんなことより、介護保険のこと、話しましょう」

水田さんが急かす。

山本さんは、丁寧に自己紹介をした後、介護保険の説明をした。そして、意思確認の前に現在の状況などを聞き出した。

・男性は、池西朗《いけにしあきら》さん80歳

「この人、クラシックが好きなんだって」

思いがけず、池西さんの趣味がクラシック鑑賞であることを知った山本さん。人は誰でも好きなことの話や自慢話は得意中の得意で、聴いてもらいたくてうずうずしています。家族のこと、自らの過去の栄光のこと、趣味のこと、飼い犬・飼い猫のこと、自宅や調度品のことなど……。利用者がそのような話をしてくれたときは、気の済むまで聴いてあげましょう。もちろん傾聴の技術をいかんなく発揮して。

・10年前に妻をがんで亡くし、現在1人暮らし
・長男、長女は独立して別居。どちらも県外に住んでいる。ここ数年は電話連絡のみ
・電気設備会社で電気通信技術者として定年まで働いた
・5年前に股関節の手術を行い、重い荷物は持てない、長い距離も歩けない
・買い物には自家用車で行く
・近所付き合いはほとんどない
・趣味は音響機器自作、クラシック音楽鑑賞
・春と秋に友人と一緒に温泉旅行に行くのを楽しみにしている

本人の意思確認

手づくりオーディオ機器とか、音楽の話のときとは一転して、池西さんの口は重くなった。介護サービスの利用にあまり乗り気ではなかったのだ。

「観念しなさいよ。私もずっとはお手伝いできないわよ」

「感謝しています」

「お試しで使ってみればいいじゃない。嫌ならいつでもキャンセルできるのよ」

「うーん」

「介護保険料を払っているのに、もったいないわよ」

水田さんが押している。いささか強引だが、この場合は、その強引さが、山本さんには心強く思えた。

「そこまで言うなら……」

かくして、要介護認定の申請を行うことになった。認定が出たら、ホームヘルパーを利用する方向で落ち着いた。

お勉強

認定の結果が出るまでの間、ケアマネジャーの山本さんは、次の訪問に備えてクラシックを勉強した。今どきは、インターネットである程度のことはわかるし、視聴もできる。また、クラシックに詳しい高校時代の友人におすすめの本を聞き、短期集中で猛勉強した。

山本さんは、いつもそうしている。演歌が好きな利用者なら演歌を勉強するし、テレビドラマが話題に上ればそれを見る。小説、映画、美術、料理など、**利用者と共通の話題づくりを心がけている**。

さて、池西さんが口にしたポリーニは、イタリア生まれの男性ピアニストで、マウリツィオ・ポリーニというらしい。1942年生まれで、2022年には80歳になる。確かに池西さんと同い年だ。「アルゲリッチよりは……」と比較されたのは、マルタ・アルゲリッチでアルゼンチン生まれの女性ピアニストだ。ポリーニや池西さんより1歳年上のお姉さんのようだ。ともに、超一流のピアニストで、超絶技巧の持ち主らしい。だが、演奏スタイルは好対照で、ポリーニは正確無比な折り目正しい演奏、アルゲリッチは感性豊かで情熱的に演奏するのだそうだ。山本さんは、インターネットの動画サイトで両者を聴いてみたが、演奏スタイルの違いはあまりわからなかった。ただ、正確無比なポリーニのほうに池西さんがひかれるのはどうしてだろうと、山本さんは考えた。演奏の仕方だけではなく、男性と女性の違いもある。男性観、女性観に何らかの違いがあるのかもしれなかった。

両者には、「日本びいき」といった共通点もあった。アルゲリッチは、

利用者と共通の話題づくりを心がけている

池西さんがオーディオ機器やクラシック音楽を愛していることを、山本さんは最初の面接で知ることになりました。山本さんは池西さんとの共通の話題づくりのため、それまでほとんど何の知識もなかったクラシックピアノについて猛勉強をします。山本さんは、なぜ池西さんとクラシック音楽を通じてコミュニケーションを図ろうとするのでしょうか。それは山本さんが、利用者の嗜好は利用者自身を大変強力に支える資源であることをよく理解しているからではないでしょうか。（151頁「利用者の嗜好も立派な資源」参照）

「別府アルゲリッチ音楽祭」を20年以上も続けているし、ポリーニも頻繁に来日し、しかも日本文化に興味を抱いているという。山本さんは、今度訪問したときに、ポリーニの生演奏を聴いたことがあるか質問してみようと思うのだった。

サービス利用開始

認定調査には、「あの人（池西さんのこと）、人見知りが激しいし、普段の生活は私が一番知っているから」と、水田さんが自ら希望して立ち会った。ほぼ1カ月後、要支援2の判定が出た。

山本さんの事業所は、**要支援者を対象とする介護予防支援業務を地域包括支援センター（以下、地域包括）から受託している**。山本さんは担当ケアマネジャーとなることの了解を池西さんから得ており、今回のケースも地域包括から正式に委託を受けた。ホームヘルパーは、水田さんが行っていた部屋の片づけと清掃を担うことになった。「本当は他人の世話になりたくはないけど」とためらいながらも、池西さんは「週に1回程度なら」とサービスの利用を承諾した。

要支援者を対象とする介護予防支援業務を地域包括支援センターから受託している

なぜ介護予防支援は委託なのか、疑問に思ったことはありませんか。理由は、単純に「居宅『介護』支援事業者は『要介護者』を対象としているから」でしょうか？　いずれにしても多忙な両者です。現在の制度がベストマッチかどうかは、今後も検証が必要となることでしょう。

要支援者に対するモニタリング訪問は、3カ月に1回でよいとされている。しかし、山本さんは毎月訪問した。池西さんがヘルパーの利用にあまり乗り気ではなかったのと、もう少し池西さんの話を聞きたかったからだ。ポリーニに関しての質問もまだだった。

介護保険のサービスの使い始めは、たとえ1週間に1回のサービスであっても、それまでの暮らしと大きな違いが生じる。サービス開始から1カ月後の訪問で、「どうですか、ヘルパーさん、少しは慣れましたか？」と山本さんは尋ねた。

「どうだろうね。女の人の世話になるのは、申し訳なくてね」

「大丈夫ですよ。ヘルパーさんは、それが仕事ですから」

「そういうものかね」

その後、ポリーニの質問を繰り出すと、池西さんは饒舌《じょうぜつ》になった。生演奏を聴いたことがあるそうだ。そして、ポリーニの名演の一つという『ブラームス《ピアノ協奏曲第2番》アバド指揮／ウィーン・フィルハーモニー管弦楽団、1976年版』を聴かせてくれた。名演の程度は、さっぱりわからなかった山本さんだったが、これまでに聴いたことがないような良質な音がリビングルームを包んだことは、体の芯から実感できた。

相談

ヘルパーのサービスを利用し始めて3カ月目のモニタリング訪問の際、池西さんから相談があった。

「足が痛くて、買い物がつらい日があるので、そんな日は、買い物を誰かに頼めないか」「オーディオの棚を改造したいので大工仕事を手伝ってくれる人はいないか」といった相談だった。

大工仕事は無理だとしても、日常の買い物であればヘルパーでも可能だ。「買い物はヘルパーさんに頼めますよ」と返事をすると、「女性に買い物は頼みづらい」と池西さんは言うのだ。

「女性に頼みづらい物ですか?」

「いや、そうじゃなくて、そもそも、女性に、あれを買ってきて、これを買ってきてくれと指示を出すのは、気が引けるんだよ」

池西さんなりの独特な女性観があるようだ。掃除や片づけなどの家事なら頼めるけど、重い荷物もある買い物は頼みづらいと言うのである。話を続けるうちに、「男性なら頼みやすい」ということもわかってきた。

しかし、現在池西さんが利用している事業所に男性ヘルパーはいない。また、要支援の訪問型サービスは、当地区の自治体では複数の事業所を利用することはできない。大工仕事を含めて……と頭をひねった山本さんだったが、「そうだ、あそこなら！」とひらめいた。

頼もしい言葉

何年か前、山本さんは、介護保険のサービスが限度額いっぱいになった利用者の支援を頼んだ**障害者の就労支援事業所のことを思い出したのだ。**仮に東西事業所としておこう。東西事業所は、介護をしていた妻が急遽入院することになったとき、その間の買い物とペットの世話を担ってくれたのだ。通常は、施設の掃除や廃品回収を主な仕事としている事業所だが、それ以外の仕事にも柔軟に対応してくれた記憶がある。障害者総合支援法の就労継続支援B型に区分けされ、何より、仕事の姿勢が親切で丁寧なのが素晴らしかった。

「あそこなら、男性もたくさん働いている」

障害者の就労支援事業所のことを思い出したのだ
山本さんは障害者サービスである就労継続支援B型事業所を、池西さんの生活を支える社会資源として支援計画に位置づけました。の柔軟な発想力は、実に画期的です。（153頁「福祉社会資源化する―福祉×福祉の連携―」参照）

山本さんは、すぐに東西事業所に向かった。対応してくれた職員は、「力にならせてください」と頼もしい言葉を返してくれた。

にこにこ顔

相談があった3日後には、もうサービスが行われた。米、ペットボトル飲料、洗剤など、重たい物を中心に、池西さんは買い物リストをつくっていた。サービスにあたったのは、知的障害者のスタッフ、A君とB君だ。職員が車を運転し、池西さん宅とスーパーマーケットを往復した。

「みんな、明るくていいねえ。にこにこして、こちらも元気が出るよ」とべた褒めの池西さんもにこにこ顔だった。

ご自慢のオーディオ機器に、素直に感激してくれたのも、笑顔の理由だった。**買い物袋を下げてリビングに入ってきたA君とB君は、同時に目を見張り、「わぁ～」と歓声を上げた。**その素直な驚きように、池西さんは、「時間があったら聴いてみるかい?」と言ってみた。A君は大きくうなずき、B君は「はい」と答えた。同行の職員は、「こちらの時間は大丈夫です」と応じた。池西さんがレコードライブラリーから「これがいいか

買い物袋を下げてリビングに入ってきたA君とB君は、同時に目を見張り、「わぁ～」と歓声を上げた
知的障害のあるA君とB君は、池西さんのオーディオ機器に感激しています。池西さんが所有する自慢のオーディオ類は、おそらく重厚で威厳のあるクラシカルなものなのでしょう。一部で人気が再燃しているとはいえ、ちまたではほとんど目にしないレコード盤による演奏も、A君とB君にはとても新鮮に映ったはず。

な」と取り出したのは、ウィーンで毎年開かれる「ニューイヤー・コンサート」のLPだった。レコード盤に針が置かれ、ターンテーブルが回り始めると、ホルンがリードするヨハン・シュトラウスⅡ世の「ワルツ・美しく青きドナウ」が始まった。最初は優しく、後にリズミカルに、行儀良くソファに腰掛けていたA君とB君の体がワルツの調べに合わせて、揺れ始めた。曲が終わると聴衆の拍手が聞こえてくる。もちろん、A君とB君も大拍手だ。もう1曲。今度は、ヨハン・シュトラウスⅠ世の「ラデツキー行進曲」。A君とB君は、レコードの聴衆と同時に、手拍子を打ち始めた。そして、フィナーレの大きな手拍子と大拍手。リビングルームの聴衆も、立ち上がって拍手を送った。

池西さんは、満面の笑み。「また、聴いてくれるかい？」と問うと、A君とB君は「お願いしまーす」と元気良く答えた。

そんな話を東西事業所の職員から聞かされた山本さんは、「うらやましいな」と思った。面接の手掛かりにクラシックの勉強を始めた自分と違って、彼らは素直に驚きや感激を表現しているからだ。

相互交流

東西事業所のサービスは池西さんのお気に入りとなり、すでに3回の利用があったと東西事業所から山本さんは報告を受けた。事後報告となっているのは、介護保険の給付管理外であり、ケアマネジャーを介さず、利用者が直接頼む形であるからだ。それでも、モニタリング訪問のたびに、「もう少し頼んでもいいのかな」と池西さんは山本さんに尋ねる。「池西さんのお宅に行くのをみんな楽しみにしているようですよ」と職員から聞いた話を伝えると、「私も楽しみだよ」と答え、こう続けた。

「2回目は、オーディオの部品のおつかいも頼んだんだけど、彼らはすごいね。もちろん、メモは渡すよ。でもね、そのときは、3店回ってもらったから、おつかいとしては難しかったんじゃないかな。同行の職員さんは、買い物の様子を見ているだけみたいだね。そんな中、彼らは、きちんと買い物をやり遂げてくれました。一つの間違いもなかったよ。私が自分で買い物をすると忘れてばかりだから、本当にすごいね。3回目は、棚の工作を手伝ってもらったよ。若いっていいね」

名曲鑑賞会も続いているという。「今度は何を聴いてもらおうかな」と考えるのが楽しいそうだ。ラヴェルの「ボレロ」、ホルストの「惑星」、エルガーの「威風堂々」など、勇ましい曲を聴いてもらったそうだ。今度は、少し趣を変えて、ガーシュウィンの「ラプソディ・イン・ブルー」にしようかと考えているらしい。庭木の剪定《せんてい》も頼みたいそうだ。事業所に尋ねたところ、いつものスタッフとは別の、元園芸屋さんが来てくれるという。

「頼もしいね」

そう言いながら、池西さんは、懸念を打ち明けた。

「自分ばかりが頼んでいいのかな」

「大丈夫だと思いますよ、お役に立てたと喜んでいると聞きました」

「そうだろうか。くだらないことで呼んでは悪いから、きちんとした仕事をつくらないとね」

「それほど、堅苦しく考えることはないと思いますけど、**池西さんのお心遣いは、とても素晴らしいですね**。東西事業所の人たちに伝えてもいいですか？」

かくして、池西さんと東西事業所のスタッフたちの、仕事と名曲鑑賞を通じた相互交流が始まった。池西さんの遠慮もあって、月1回から2回の

「池西さんのお心遣いは、とても素晴らしいですね」

物語で池西さんは、東西事業所に仕事を発注することを「自分ばかりが頼んでいいのかな」と躊躇する姿勢を見せています。対価をきちんと支払っていれば、東西事業所にとっては得意先となることから、心配は不要と考えられますが、スタッフの献身的な仕事ぶりに感動している池西さんは遠慮がちです。山本さんはそこを見事に逆手に取り、「そんなあなたが素晴らしい」との思いを伝えました。ほめポイントを逃さなかったことに拍手！

交流だが、コロナ禍にあっても、ずっと続いている。

おせっかいの再発動

ケアマネジャーの山本さんが関わり始めの頃、日中に池西さんに電話をすると留守電になっていることがしばしばあった。訪問の際に聞いてみると、公民館に行っていたのだという。地域の有志が集まり、器具を使って運動をしているそうだ。配食ボランティアの水田さんのもう一つのおせっかいがきっかけだった。

水田さんは、池西さんが外出するのは、買い物を除いて年に2回の温泉旅行ぐらいだということを知っている。しかも、そのどちらも自家用車で行くので、大して運動にはならない。「散歩でもしたらどう?」と勧めてみたが、股関節の手術以降、散歩などできる状態にはなく、近所付き合いもない。そこで水田さんは「私が通っている公民館に行ってみない?」と誘ったのだ。「いや、そういうところはどうも苦手で」と尻込みした池西さんだったが、例のごとくの押しの強さで、「最初はお試し。嫌だったら、次から行かなきゃいいんだから」と強引に連れていったのだ。まあ、車の運転は池西さんなので、連れていったという表現は当たらないかもしれないけれど……。

で、池西さんは気に入ってしまった。男性も数人いて、その中に意気投合した人がいたのだそうだ。お試しの次の日から、通うようになった。平日の午後1時くらいから3時間程度。器具を使ってトレーニングし、お茶を飲みながら世の中のできごとを話したり、はるかかなたの青年時代のように天下国家を論じたりする時間は、池西さんにとって、**とっておきのひとときとなったようだ**。公民館の休館日を除き、ほぼ毎日通っている。

学校からの依頼

山本さんは、ケアマネジャー業務と並行して、市内の小学校や中学校で「高齢者の理解」や「認知症の理解」といったテーマで出張授業を行っている。7年間続けていて、地域イベントなどでも学校の先生たちと協力し合うことがある。

ある日、中学校の3年生の担任から電話があった。高齢者との交流授業の依頼だ。「技術・家庭」の授業で高齢者にも使いやすいユニバーサルデ

とっておきのひとときとなったようだ
池西さんは公民館での活動で、モチベーションアップを図ることに成功しました。これは水田さんのおせっかいの一環ですが、池西さんのストレングスを大きく刺激したようです。（158頁「社会資源を活用して利用者のストレングスを引き出す」参照）

ザインの製作物をつくっている。試作品ができたので、高齢者に意見を聞きたいというのだ。試作品は三つあって、それぞれに1人ずつ高齢者を紹介してほしいという。

事業所内で検討した結果、「老人クラブと民生委員の代表にお願いしよう」ということになった。あと1人は誰にお願いするか。「適任の方がいます」と山本さんが発言した。脳裏に浮かんだのは、池西さんだ。ただ、「池西さんは、どちらかといえば内気だし、水田さんのように押しが強くないから、この話に乗ってくれるだろうか」と少し不安ではあった。

二つ返事

案ずるより産むが易し、池西さんは、二つ返事で了承した。

「いつ、その中学校に行くのかな?」

「コロナなので、中学校に行かずに、テレビ会議方式で行います」

「リモート何とかというやつだね」

さすがに池西さんである。事情通だ。山本さんは、交流授業の成功を確信した。

2カ月後、山本さんの事業所に池西さんを迎え、交流授業が行われた。山本さんは、自分の車で事業所にやって来た。**ツイードのジャケットにニットタイ。粋でおしゃれな80歳である。**

交流事業

事業所では、リモートルームが3部屋用意されていた。池西さんが通された部屋には、試作品のミニチュアが置かれていた。歩行器のようである。実機は、中学校側に置かれている。

定刻になった。大型テレビに中学校の生徒たちが映し出された。十数名のグループだった。先生があいさつし、生徒たちが1人ずつ自己紹介をする。続いて山本さんがあいさつし、池西さんを紹介。それを受けて、池西さんは自己紹介を行った。年齢を告げると、生徒たちから「え～っ」と驚きの声が上がった。池西さんは若見えするのだ。

生徒たちが試作品の実機を使い、開発の意図や工夫を交えて動かし方をプレゼンテーションした。池西さんは、うなずきながら見入っていた。プレゼンテーションの後、池西さんは感想を求められた。

ツイードのジャケットにニットタイ。粋でおしゃれな80歳である

池西さんにとって、ジャケット＋ネクタイは、間違いなく「勝負服」であることでしょう。中学生との交流授業に臨む池西さんは、晴れがましく意気揚々としたことに違いありません。このようなアクティブな場を設定し、池西さんをその気にさせた山本さんの手腕は見事です。

「私も足が痛くて、杖だけじゃ長く歩けないので、こんな歩行器があったらいいなと思います。よく工夫しましたね」

そう称賛した後に、小回りについての意見を述べた。

「家の中で使うとなると、私の家も含めてだけど、いろいろな物が置いてあったり、廊下が狭かったりで、とにかく小回りが利くことが大切です。ただ、その際に重要なことがあります。わかりますか?」

まるで、先生のようだ。

「高齢者の場合、先に歩行器の向きを変えて、その後で自分の体の向きを変えるといったことが難しいので、歩行器と一緒に向きを変える必要があるんです。だから、すぐにキュッと回ってくれるようにしてほしい。だけど、向きがくるくると簡単に変わりすぎるのも危ない。そこが難しいところです」

生徒からの質問もあった。

「ブレーキについては、どうでしょうか?」

「手を放したら、止まるようにしたアイデアは、とても素晴らしいですね」

「ありがとうございます」

「少しだけ欲張りを言えば、もう少し反応が速いといいかな。高齢者は機敏な動きが苦手なので、自動ブレーキの利きがゆっくりだと、引きずられて倒れ込んでしまう恐れがありますよ」

池西さんは、日常的に歩行器を使っているわけではない。それなのに、なんと的確なアドバイスなのだろう。高齢者の力をあらためて感じる山本さんであった。

生徒たちは、大いに感激したようだ。交流授業の終わりには、生徒たちは、スタンディングオベーションで池西さんに大きな拍手を送った。

池西さんは、満面の笑みで、「きっと、高齢者が喜ぶ歩行器ができるでしょう。期待しています」と締めくくった。

「本日のご意見をもとに、改良を加えます。改良版が完成したら、もう一度、ご意見を聞かせてもらえますでしょうか？」

担任の依頼を池西さんは、目を細め快諾した。3年生が卒業する前に、改良版を完成させる予定だという。

池西さんは、**次の交流授業の開催を、首を長くして待っている**。

次の交流授業の開催を、首を長くして待っている
公民館での活動と同様、池西さんのモチベーションアップにつながりました。こちらは山本さんの支援の一環として、池西さんのストレングスを刺激すると同時に、地域の子どもたちとのつながりも生み出しました。

Lecture

地域資源の活用・開発

社会資源の活用が利用者のニーズを満たすために重要であることは、みなさんご存じのとおりですが、みなさんは社会資源を十分に活用されているでしょうか。中には社会資源を開発して、利用者のニーズを満たすケアマネジャーもいますが、みなさんはいかがでしょうか。

介護保険サービスといった社会資源の活用はもちろん、介護保険外の地域の社会資源＝地域資源の活用は、地域で生きる利用者の生活を支える上では不可欠なものです。

物語で登場したケアマネジャーの山本さんは、初めに利用者である池西さんの情報をくれた地域住民や障害者の就労支援事業所、公民館や中学校の交流授業など、介護保険外のさまざまな地域資源を用いて池西さんのニーズを満たしています。

この章では、山本さんが実践した地域資源の活用・開発のポイントを確認しながら、その考え方を学んでいきましょう。

1　社会資源とソーシャルワーク実践

ソーシャルワークの実践において社会資源は、端的に言えば唯一無二のソーシャルワーカーの「持ち球」ということになります。これはソーシャルワークという対人援助技術の大きな特徴です。

そもそも社会資源とは、「福祉ニーズを充足するために活用される施設・機関、個人・集団、資金、法律、知識、技能等々の総称」（中央法規出版編集部編　2012：237）であり、具体的には介護保険サービスのほか、ボランティア団体や地域住民、国や自治体の補助金などが該当します。ソーシャルワークはそれらの社会資源を活用することにより、利用者の生活を支えます。社会資源の活用なしに、利用者支援はあり得ないと言っても過言ではないでしょう。

ソーシャルワークは対人援助の一種なのですが、「社会資源の活用をもって、具体的な対象者の支援にあたる」ことは、ほかの対人援助職とは根本的に異なる点です。例えば、医師は注射やメスを用いる医療行為で、患者の治療にあたります。看護師も一部の医療行為と、療養上の世話を駆使します。薬剤師は医師により処方された薬を調剤し、患者に対して服薬指導を行います。教師は生徒に対して授業を行い、勉学をはじめとするさまざまな指導にあたります。そして介護福祉士は、自らの介護技術で利用者の日常生活全般を支えます。このようにソーシャルワーカー以外の対人援助職は、自らの専門技術を大いに活用して対象者に生じている問題（課題）に対応しようとし、常にその結果に注目が集まっているのです。

これに対してソーシャルワーカーは、第1章で述べた面接とアセスメントの技術を駆使して利用者との信頼関係を構築し、利用者に現に発生している課題を明らかにして、支援計画を作成します。この支援計画に位置づけられるのが社会資源であり、利用者はこの社会資源によって、あるいは社会資源とともに暮らしを構築していくこととなります。つまり、利用者にとって社会資源とは、自らの暮らしの構成要素であり、この是非が生活の水準やありようを明確に決定づけるものなのです。

ソーシャルワーカーによる社会資源に関する提案や助言は、このように極めて重要な機能を果たすことになるのです。この「持ち球」のアイテム数の豊富さと深い知識、「持ち球」自体に対する介入の仕方とタイミング、そして何より利用者とのマッチングがその成否を分けることとなります。そして、社会資源とはソーシャルワーカーにとって、「利用者のために活用できるすべての物事」であって、フォーマル・インフォーマル、またはハード・ソフトに限定されることはありません。ソーシャルワーカーは可能な限り制約を外して、利害や慣習・偏見にとらわれることなく、利用者のために社会資源を活用しなければなりません。

ケアマネジャーとインフォーマルサービス

２０２１年度介護報酬改定で、居宅介護支援費における特定事業所加算算定の要件として、「必要に応じて、多様な主体等が提供する生活支援のサービス（インフォーマルサービスを含む）が包括的に提供されるような居宅サービス計画を作成していること」が加わりました。元々、運営基準にこのことは努力義務として記載されており、制度創設以来ケアマネジャーに求められてきたことではありますが、特に特定事業所にはあらためて「しっかりやりなさい」と示されたものと言えます。

ケアマネジャーは、介護保険法が生み出した専門資格であり、介護保険制度の枠の中でその業務が成立します。しかし、介護保険はもはや単独で展開されるのではなく、医療関連制度や各種高齢者・障害者福祉、または生活困窮者に対する制度と密接につながっており、社会の主要なシステムとの関係性が非常に強くなっています。このような環境下でケアマネジャーが求められることは、実に多様で、非常に大きな社会的責任がケアマネジャーにはあると言えるでしょう。

日本の経済の先行きが不透明な中、持続可能な介護保険制度のためには効率的な医療・介護の運用が必要となります。地域包括ケアシステムを構築する「自助・互助・共助・公助」は一見、冷たいものに感じますが、持続可能な介護保険制度のためにはやはり必要でしょう。介護保険が崩壊したらケアマネジャーの立場もなくなりますし、そしてその結果、不利益を被るのは全国民であるため、ケアマネジャー自身が取り組む、介護給付の適正化は極めて重要です。これらの考えのもとに、「多様な主体等が提供する生活支援のサービス（インフォーマルサービスを含む）が包括的に提供されるような居宅サービス計画」に積極的に取り組んでいきたいものです。

2 地域・地域社会とは

利用者を支える社会資源は、その多くが利用者の居住する地域に存在しています。確かに遠くに住む親族やインターネット上の情報も、利用者にとって有益な社会資源となり得ますが、やはり地域にあるものこそが、利用者支援にとって欠くことのできない社会資源と言えるでしょう。

では、「地域」とは一体何でしょうか。この言葉は語られる対象、使われるタイミング、使う人や団体の環境や歴史などによって、さまざまな意味を持つものとなります。一般的には、ある一定の範囲の区域を指すかと思いますが、現実には実に多くの意味で使用されます。例えば、同じ市内に住んでいる人に「私の住んでいる地域」を話題にするときは、一般的には自治会が所管するようなごく小さなもの、あるいは小学校・中学校区以下のものをイメージします。天気予報の地域なら、近畿地方や関東地方といった地域区分で分けられ、さらにその地域区分の中でも細かく分けられています（例えば、筆者の住む近畿地方は北部・中部・南部に分けられています）。また「地域の方言」となると、例えば、和歌山県であれば大きくは、伊都《いと》地域、和歌山市近辺、西牟婁《にしむろ》田辺《たなべ》地域、新宮《しんぐう》市近辺などに分けられます。そして、地政学上で「極東地域」などといった場合には、日本や朝鮮半島などの国々が該当する場合が多く、非常に広範なイメージとなります。このように地域という言葉は実に多様です。

一方で「地域社会」という言葉もあります。この言葉を辞書で引くと「一定の地域的範囲の上に、人々が住む環境基盤、地域の暮し、地域の自治の仕組みを含んで成立している生活共同体。コミュニティー」と説明されています（『広辞苑』第七版）。私たちの現実の生活を考えていくにあたり、こちらの概念のほうがより重要です。人は人に交わらないと暮らしていくことはできず、まさに地域社会の中でどのような日常を過ごすのかが、人間の生活の根本基盤となることは間違いないからです。特に他者の支援が必要となる利用者にとって、地域や地域社会のありようは、極めて重要な要素であり、利用者を支援するケアマネジャーには地域社会づくりの力が求められているのです。

アクセス抜群　介護保険という社会資源

介護保険の利用者やその家族から聞くセリフで最も目立つのは、「介護保険（あるいはヘルパーさん、デイサービスなど）のおかげで助かっています」というものです。これは介護保険制度が国民の日常生活に深く浸透し、非常に肯定的に受け止められているという事実を示しているのではないでしょうか。そして、そのアクセスを円滑にしているのが、私たちケアマネジャーなのです。

介護保険は制度上、居宅介護支援事業所や地域包括支援センターが、利用者と介護保険サービスのアクセスを援助します。要介護（支援）認定から始まる一連の流れをケアマネジャーに委ねると、極めてスムーズに「助かる」状態になるように設計されているのです。制度はケアマネジャーに信頼を寄せ、大きな役割を与えています。アクセス抜群の介護保険を真正面から支えているのは、私たちケアマネジャーです。

3　地域福祉の概念と実践

社会福祉学においてはかねてより、地域福祉という分野があります。地域福祉という言葉を聞いたことがある人も多いと思いますが、その意味を尋ねられると、はっきりと答えられる人は少ないのではないでしょうか。まずは、その定義について整理してみましょう。

地域福祉とは「困難な状況に置かれている地域住民の生活上の課題の解決に向けて支援を展開することに加えて、『あらたな質の地域を形成していく内発性』（＝住民の主体性）を基本要件として、地域を舞台に（＝地域性）、そこで暮らす住民自身が私的な利害を超えて共同して公共的な課題に取り組むことで（＝共同性～公共性）、より暮らしていきやすい地域社会にしていくこと、あるいはそのような地域に生活の舞台としての地域そのものを変えていくこと（改革性）」とされています。（上野谷ほか　２０１９：６）

地域福祉とはつまり、①地域住民の暮らしの課題解決のための支援、②住民主体の公共的な課題の解決・地域の改革の２本の柱があると捉えることができます。特に複雑化・多様化した地域ニーズに対しては、②が重要なのですが、これはハードルが高いです。地域福祉は「誰かが頑張ればできる」の側面は少なく、「総合的に」「力を合わせて」「計画的に」取り組まないと成就せず、非常に高度なマネジメントを要します。例をあげて検討してみましょう。

いわゆる「ごみ屋敷」問題について考えてみます。「ごみ屋敷」とは、認知症や知的障害・精神障害の影響で判断能力が低下した住民が、自らが出すごみを処理することができなくなることで、ごみが堆積してしまった住居です。

筆者の経験では、ごみ屋敷化した住居に住む人は置かれた環境を大変恥ずかしいと思いつつ、しかし、自分で処理できずに困っている状態であることが多いです。この様子は「セルフネグレクト」に該当するものと見なされ、支援が必要な状態です。この支援こそが「①地域住民の暮らしの課題解決のための支援」に当たるものと言えるでしょう。

次に、「②住民主体の公共的な課題の解決・地域の改革」について考えてみましょう。これには、近隣の住民が当該住居を訪問し、ごみの処理を手伝うことも含まれますが、住民自らが近隣の居住者の様子にいち早く気付き、ごみ屋敷の発生を広く訴えて、行政や専門家の力を借りるといったことが考えられます。さらに規模を広げると、地域に複数名いるであろう自宅をごみ屋敷化してしまいかねない、判断力の低下した人を念頭に置き、ごみ屋敷の問題は公共的な課題であると捉えて、そういった問題を未然に防ぐことのできるような取り組みを行うということも考えられるでしょう。より暮らしやすい地域づくりを成し遂げることにより、認知症や知的・精神障害のある方が地域から排除されることなく、「共に生きる」インクルーシブな社会の実現が期待されます。

地域福祉の実践とはこのように、非常に理想が高く、しかも大がかりで、時間を要するものです。それだけに多くの地域では試行錯誤が展開されており、地域の高齢者を把握しているケアマネジャーもこのような「地域福祉」を支える重要な役割を担っているのです。

利用者の嗜好も立派な資源

「人はパンのみにて生きるにあらず」、または「三度の飯より○○が好き」。前者は聖書の言葉であり、後者は言い古された表現だと思いますが、いずれも的を射たものです。生きていくためには無関係もしくは不必要であるが、その人にとってはなくてはならない、愛してやまない、それがないなら生きていく意味を失うほどの価値を持つものを人は持っており、その一つが嗜好です。生きがい、趣味、好きなことなどと言い換えることもできるでしょう。

配食ボランティアの水田さんと出会う前の池西さんは、股関節の手術などのダメージがあり、生きる意欲を失いかけていたかもしれません。しかし、そのような中でも、オーディオ機器やクラシック音楽への愛は消え去ることがなく、それらはくじけそうになる池西さんを精神的に支え続けたのではないでしょうか。

そんなとき、そのような池西さんの嗜好に気が付き、全面的に肯定する山本さんと出会うのです。山本さんは、共通の話題づくりのために猛勉強をしただけでなく、そこから池西さんのジェンダー観の一端を見ました。そういった山本さんの姿勢が、嗜好という資源を介して、池西さんの生きる意欲を高め、信頼の獲得に役立ったのです。山本さんのケアマネジメントの実力の一端を垣間見るようです。

4 コミュニティソーシャルワーカー

昨今にわかに注目を集める職種が、コミュニティソーシャルワーカー（地域福祉コーディネーター）です。この画期的な取り組みは、1982年にイギリスで提案され、日本では大阪府が先駆けて取り組みました。中でも豊中市の活動は、テレビドラマのモデルにもなったほどです。

コミュニティソーシャルワーカーとは、「『①小地域単位で担当し、②制度の狭間の課題も含めて、個別支援と地域の社会資源をつなぎ、③地域特性に応じた社会資源やサービスの開発を含めた地域支援を行う』という役割を担っている人」を指します（野村総合研究所 2013：3）。

「失われた30年」とも称される長期のデフレに悩む日本では、生活上の課題も多様化・複雑化・深刻化しています。さらに2019年末から始まった、新型コロナウイルス（COVID-19）によるパンデミック（世界的大流行）は、日本経済に大打撃を与え、多くの人々の暮らしを破壊しました。このような状況下において、福祉による支援は極めて大きな意味を持ち、中でも地域を基盤として、地域で困っている人を救い上げることのできるコミュニティソーシャルワーカーは非常に頼もしい存在です。私たちケアマネジャーにとっても、活動上の重要なパートナーであり、有機的で強力な連携が求められます。しかし、このコミュニティソーシャルワーカーの配置については地域差が大きく、まったくの手付かずの自治体も少なくはなく、全国の市町村社会福祉協議会への調査では、配置率が約57％との結果が出ています（全国社会福祉協議会ほか 2020：50）。地域福祉実践のキーパーソンとも言うべきコミュニティソーシャルワーカーの配置に地域差があることは、大きな課題です。未配置の地域で活動するケアマネジャーは、配置に向けて声を上げていく必要があるのです。

福祉サービスを利用者のために社会資源化する―福祉×福祉の連携―

就労継続支援B型事業所（以下、B型作業所）は元来、障害者の福祉的就労の場として設置されているものであり、制度上は障害者のための存在です。そこで就労している障害者には、多様なニーズがあり、その一部には、「誰かの役に立ちたい」や「誰かからほめられたい、評価されたい」という思いがあるのではないでしょうか。山本さんによる池西さんと、B型作業所である東西事業所のマッチングは、池西さんのニーズを満たすためだけでなく、東西事業所のスタッフのニーズにも応えています。

利用者への支援を効果的に行うために、福祉と他分野とのさまざまな連携が模索されてきました。古くからいわれているのは医療との連携ですが、介護保険制度のおかげもあり、ずいぶんと進みました。子どもの福祉では教育との連携も重要なジャンルで、特別支援教育などにおいて大きな成果をもたらしています。また最近では「農福連携」が提唱されており、6次産業化などで大きな力を発揮しています。しかし、福祉（高齢者への介護サービスの提供）×福祉（障害者の就業機会の確保）の連携は、意外と多くはないのではないでしょうか。

ケアマネジャーに求められるものの一つに、社会資源の持ち球の多さとその内容の豊富さがあります。そのような持ち球の中に障害者の就業機会を生み出す福祉サービスが加わることは、私たち福祉従事者に課せられた責務から考えると、大きな意味を持ちます。障害者の就業機会を確保し、それを利用者の福祉のために活用する。これができると、ケアマネジャーが福祉×福祉の最良の舞台を整えたと言えるでしょう。

5　地域資源を開発する―ソーシャルアクション―

地域に住むすべての住民の福祉ニーズに応えることのできる地域資源が、くまなく準備されている地域はありません。元来、福祉ニーズに応える地域資源は、地域住民のやむにやまれぬ「運動」によって勝ち取られてきた歴史があります。かつては、保育所や障害者の共同作業所の設置運動があり、近年では「認知症の人と家族の会」による認知症への理解と制度拡充に対するさまざまな取り組みが高く評価されています。このように行政や関係機関に窮状を訴え、地域に必要な資源を開発していくことは「ソーシャルアクション」（ＳＡ）と呼ばれています。

ソーシャルアクションの定義については、「広義の福祉を含む社会福祉の制度・サービスの創設・改善・維持をめざして国や地方自治体、つまり議会や行政機関に立法的・行政的措置を執らせようとする組織的な対策行動および企業や民間団体に対して行われる社会的行動」とされています（小田ほか １９９８：199）。

ソーシャルアクションは伝統的にソーシャルワークの一形態とされ、従前より一定の位置を占めてきたといわれています。昔も今もソーシャルワークの教科書に記載され、大学等の授業でも取り扱われてきました。しかし、実際にソーシャルアクションに取り組んだ経験のあるソーシャルワーカーはそう多くはありません。

ソーシャルアクションのプロセスは次のとおりです。

①地域に住む住民の「困りごと」に気が付き、その困りごとを何とかしてあげたいという人が集まってくる、②解決のための資源が地域に存在しないことがわかり、資源を集めるためには運動が必要だという認識が広がる、③どのような運動が適切なのか協議され、実際に運動が展開される、④運動が盛り上がり地域住民の関心が高まり、行政や関係機関が重い腰を上げ、地域資源が創設される。

このようにして、困りごとに折り合いのつく一歩が踏み出され、誰も排除しないインクルーシブな地域社会が実現化していくというのが、ソーシャルアクションの典型、あるいは理想的な展開です。

ソーシャルアクションに関する具体的な好事例を紹介します。和歌山市西和佐地区において、1977年に始まった「ほっとけやん」を合言葉にした「麦の郷」の障害者の地域生活を支援する活動です。

麦の郷は、1999年にＷＡＰＲ（世界心理社会的リハビリテーション学会）によって、ベスト・プラクティス（先進的活動）として認定されています。このベスト・プラクティスの選考には、世界から120の活動が推薦され、最終的にアフリカから5カ所、アジアから15カ所、オーストラリア・ニュージーランドから7カ所、ヨーロッパから22カ所、カナダから14カ所、アメリカ合衆国から15カ所、南アメリカから5カ所の合計83の活動が認定されました。日本では、5つの活動が認定され、麦の郷はそのうちの一つです（東ほか 2002：10）。

認定された麦の郷の具体的な取り組みは、地域の精神障害を抱えた方のために行ったクリーニング工場、印刷工場、食品加工工場といった就労の場づくりと住まいづくりなどの活動です（同 94―109）。現在では、身体・知的・精神・発達などの障害に加え、不登校、引きこもりなどの社会的課題にも積極的に取り組んでいます。麦の郷は「研究対象」の側面もあり、日本はもちろん、海外からの視察も絶えることがありません。

麦の郷の基本コンセプトは、「笑顔と元気」で「やりたいこと、やるべきことに取り組む」というものです。地域にとって必要なことを積み重ねてきた結果が、今この和歌山の地にしっかりと根を張った麦の郷の姿となって表れています。

私たちケアマネジャーの活動において、まだ取り組みが十分でないのが、このソーシャルアクションです。そもそも高齢者福祉の分野においては、先述のような障害者福祉運動で地域資源を勝ち取ってきた実績に乏しく、また介護保険制度においても「お上からのいただきもの」といったイメージがあります。ですから、ケアマネジャーの普段の活動において、「声を上げて利用者のニーズを満たす地域資源をつくっていく」という発想や習慣が備わりにくいのかもしれません。しかし、介護保険制度でも「地域ケア会議」に、その機能がはっきりと謳《うた》われているのです。

厚生労働省のホームページで公表されている資料では「地域ケア会議は、高齢者個人に対する支援の充実と、それを支える社会基盤の整備とを同時に進めていく、地域包括ケアシステムの実現に向けた手法。具体的には、地域包括支援センター等が主催し、（中略）共有された地域課題の解決に必要な資源開発や地域づくり、さらには介護保険事業計画への反映などの政策形成につなげる」と記載されており、国もわれわれケアマネジャーにソーシャルアクションの働きを期待しているのです。

地域ケア会議は「地域包括支援センター等が主催」とありますが、その場にケアマネジャーが参画しないことは考えられません。地域ケア会議の議論を通じて、地域に必要な資源を開発し、すべての高齢者が住みやすい地域づくりを行うことは、もうすでにケアマネジャーの守備範囲となっているのです。

社会資源を活用して利用者のストレングスを引き出す

現代のソーシャルワークにおいては、利用者の強みを生かす「ストレングスモデル」が重要な位置を占めるようになっています。ストレングスモデルとは、利用者の弱みや苦手なことに注目するのではなく、利用者の持つ強さや得意なことに焦点を当ててそれらを活用する、といったソーシャルワークのモデルの一つで、ケアマネジメントでも同様に、「いかに利用者をエンパワメントし、ストレングスを引き出すか」などと研修会などで熱く語られたりします。ストレングスを引き出すことは、私たちに与えられた大きな課題と言えるでしょう。

現場でのケアマネジメントにおいて、利用者自身のモチベーションの低さが原因で支援がうまく機能しないことは日常的です。そんなときに私たちはこのストレングスモデルを意識することになるのですが、意識するだけでは現実のものとなりません。利用者のモチベーション向上のために、ケアマネジャーができることとは一体何でしょうか。

人間は、嗜好が生きる支えになることがあると同時に、「関わる人」や「行く場所」、「果たす役割」が現にあります。それらが有効に展開されるとき、その人にとって極めて大きな力を発揮する、つまりストレングスを引き出すものだと捉えることができます。「人間」は「人の間」で常に生き続けます。人、場所、役割がその人にとって大切なものであればあるほど、それらはストレングスを引き出す源となることでしょう。そんな人間の根本を見据えた山本さんのようなケアマネジメントを目指しましょう。

6　さらに高次元の展開―マクロソーシャルワーク―

最近ではソーシャルワーク実践を、「ミクロ」（＝個人、家族）、「メゾ」（＝近隣、学校、職場、グループなど）、「マクロ」（＝国家、国際システム、コミュニティ、法・制度、経済など）、といったレベルに分類する考え方を活用し、ソーシャルワーカーがどのレベルで支援活動を展開しているのかを明らかにすることの重要性が説かれています。そして近年、中でも、「マクロソーシャルワーク」という概念に注目が集まっているのです。マクロソーシャルワークとは、「不特定多数の人々への影響を想定し、社会・経済状況、法律・制度、意識・価値観、偏見・差別等の社会不正義、慣習等の変革を目指して展開する意図的なコミュニティ実践（組織化、計画化、資源・能力開発、アドボカシー）、組織運営管理、政策実践である（傍線、筆者）」と説明されます（公益社団法人日本社会福祉士会編 2021：53）。

ケアマネジャーのみならず、ソーシャルワークを行っている専門職のほとんどはミクロレベルの実践にとどまっており、メゾ・マクロへの取り組みが不十分であるとされています。地域に住む利用者とその家族を十全に支援するためには、地域社会に代表される環境が整うことが重要であり、法律や制度が整備され、十分な予算の裏付けがないとそれは実現しません。

ソーシャルワーク実践におけるメゾ・マクロへの取り組みの重要性が叫ばれるようになった背景は、このようなことへの認識が深まったことがあると言えます。ケアマネジメントももちろん例外ではありません。メゾ・マクロレベルへの関心を高め、働きかけていく姿勢は、実は目の前にいる利用者と家族の支援に直結する、という認識を新たにし、できることから始めてみることが大切です。

それでは、この章の最後に「できること」とは何かを考えてみましょう。その一つとして、職能団体における活動があげられます。日本介護支援専門員協会、都道府県協会・協議会、地域支部協会などの活動への参加です。また、横のつながりを通じての仲間づくりも非常に大切です。

協会での活動は、自身のケアマネジメント技術の向上はもちろん、専門職としてのアピールを国や地方行政に対して効果的に行うことができ、地位向上や処遇の改善が期待できます。また、協会を通じてできた横のつながりは、「ケアマネ仲間」づくりの重要な柱です。所属事業者の垣根を越えた仲間は、ときに客観的にあるいは冷静に、助言や指導を与えてくれます。勤務先ではなかなか口にできない、「ちょっとしたこと」にも仲間は気軽に応じてくれることでしょう。そのほか、協会を通じて自治体における各種会議や委員会へ参加すること、ほかの職能団体との連携の場所へ参加することも非常に有意義な活動です。

これらは間接的ではありますが、利用者への支援に良い効果をもたらすでしょう。

もっと知りたい

人と環境の交互作用という見方②

ケアマネジャーは、さまざまな介護保険サービスを利用者と結び付け、生活上の問題を小さくすることが業務の中心課題です。しかし、単にサービスを紹介、導入するだけではなく、さまざまなものに働きかけをしなければなりません。ケアマネジャーが働きかける相手は、次の三つであると考えられます（図2）（ジャーメイン、ギッターマン／田中ほか監訳 2008：35―37）。

①利用者

ケアマネジャーは利用者に対して情報提供し、その情報を活用することによるメリットとデメリットを一緒に考えます。そして、利用者の決断（意思決定）を支えるといった働きかけを行います。この際、提供する情報とは介護保険サービス等の社会資源の情報だけに限りません。また、利用者が自分自身の置かれた状況をどのように認知するのか、その認知のあり方を変えていくようなカウンセリング的な働きかけもこれに含まれます。

②利用者を取り巻く環境

システム理論や生態学理論を取り入れた考え方では、個人と環境の関わり合いは、そのどこかが変わることで全体の関係性も変わってくると考えます。例えば、認知症のように、疾患としての認知症そのものは、治療（変えること）はできなくても、利用者の周囲の環境を変えることで、その人のBPSDが落ち着いたり、生活状態が改善することは知られています。こうした周囲の環境には、人的、物的（自然環境を含む）、制度的なものが含まれます。ケアマネジャーは社会資源を利用者と結び付けることで、利用者の環境をより応答性の高いものにするほか、利用者の思いや行動の理由を周囲の人（家族、サービス事業所、医療関係者など）に伝えることによって、利用者の理解を深めてもらい、周囲の人的環境が利用者に対する応答性を高めるように働きかけることも、大切な役割だと考えられます。

③利用者と環境の関係性

利用者と環境の関係性がうまくかみ合わないときは、その調整を行います。例えば、カンファレンスの機会を使って双方の考えを出し合い、現状を吟味して、より良い支援のあり方を模索することなどはその一例です。

個人と環境の交互作用という考え方は、当然「支援困難」などと呼ばれる事例に対しても適用できます。岩間は支援困難事例を発生させる三つの要因として、①個人的要因、②社会的要因、③不適切な対応をあげています（岩間 2014：136－139）。ここで興味深いのは、支援困難事例を理解するために、利用者側の要因と利用者を取り巻く社会的要因（環境側の要因）に加えて、援助者側の不適切な対応を含めているところです。つまり、援助者主導の支援や

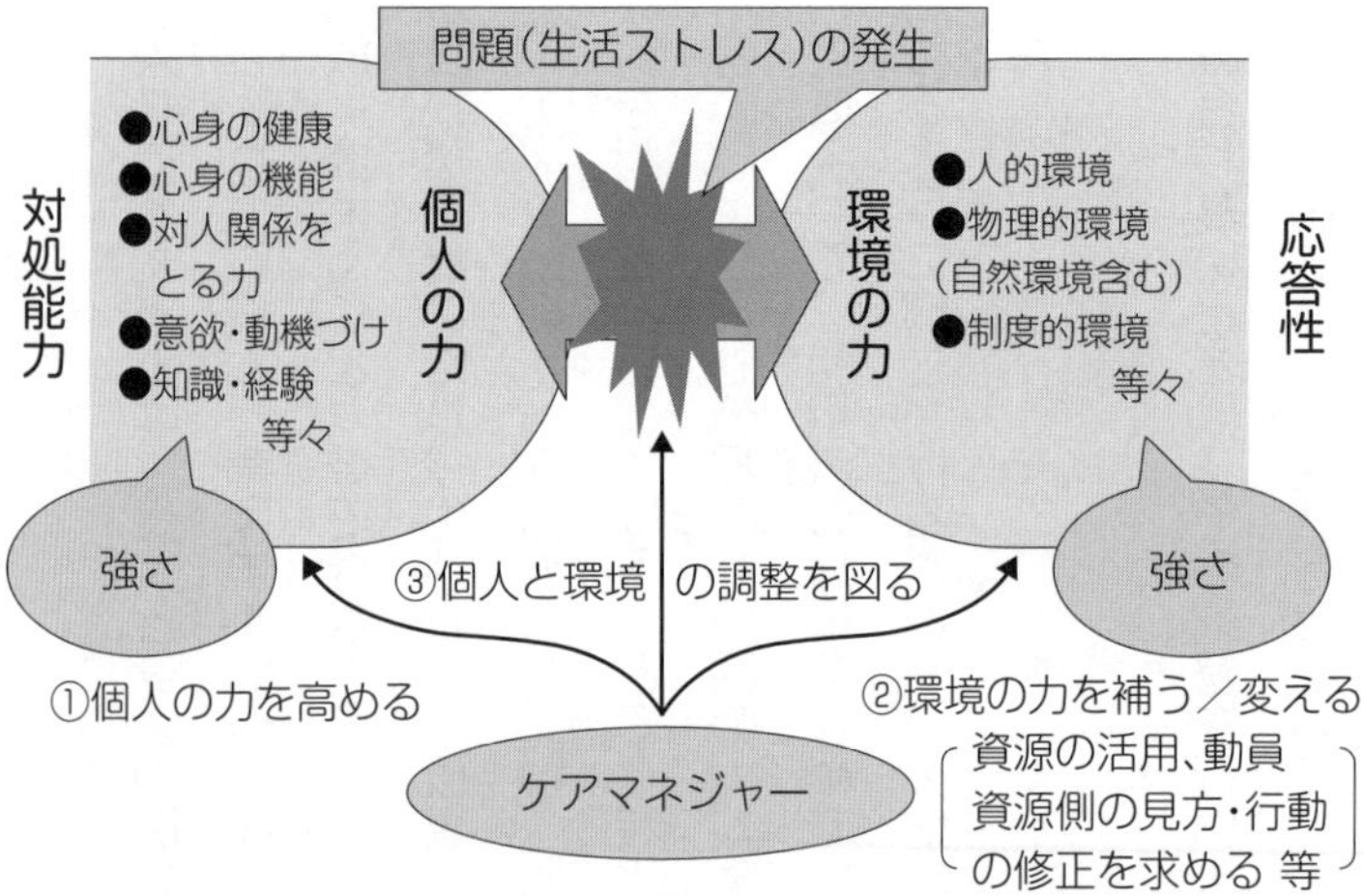

図２　人と環境の交互作用が生活（問題）を形成する

ジャーメインらの考え方に基づき筆者作成（ジャーメイン、ギッターマン／田中ほか監訳 2008：4-32）

出典：一般社団法人日本ソーシャルワーク教育学校連盟編集『最新　社会福祉士養成講座 6　ソーシャルワークの理論と方法［社会専門］』中央法規出版、2021年、158頁（一部改変）

不十分な援助関係の形成、不十分な連携・協働あるいはネットワークの機能不全なども支援困難な状況をつくる要因だと考えられます。そのため、ケアマネジャーは利用者の生活問題全体を理解しようとするとき、利用者の生理・心理面だけに着目するのではなく、利用者を取り巻く環境システムにも目を向け、それらが利用者とどのような関係性にあるのかをアセスメントし、環境システムの利用者への応答性が低いのであれば、それを高めるために環境システムにどのように働きかければよいかを考えることが求められるのです。

【もっと知りたい人のために】

◎カレル・B・ジャーメイン、アレックス・ギッターマン／田中禮子、小寺全世、橋本由紀子監訳『ソーシャルワーク実践と生活モデル（上）』ふくろう舎、2008年
◎カレル・B・ジャーメイン、アレックス・ギッターマン／田中禮子、小寺全世、橋本由紀子監訳『ソーシャルワーク実践と生活モデル（下）』ふくろう舎、2008年
◎岩間伸之『支援困難事例と向き合う――18事例から学ぶ援助の視点と方法』中央法規出版、2014年
◎高良麻子、佐々木千里『ジェネラリスト・ソーシャルワークを実践するために――スクールソーシャルワーカーの事例から』かもがわ出版、2021年
◎赤津玲子、田中究、木場律志編『みんなのシステム論――対人援助のためのコラボレーション入

門』日本評論社、2019年
◎吉川悟編『システム論からみた援助組織の協働――組織のメタ・アセスメント』金剛出版、2009年
◎太田義弘、中村佐織、安井理夫編著『高度専門職業としてのソーシャルワーク――理論・構想・方法・実践の科学的統合化』光生館、2017年

第4章

高齢者の権利擁護

Narrative

夜の会議と藪《やぶ》の中の支援

ある秋の日の夜、利用者宅で会議が開かれた。「会議」というのは、専門職側の言葉だから、「話し合い」と呼ぶほうがふさわしいのかもしれない。専門職は、ケアマネジャーと訪問介護のサービス提供責任者の2人。それに、利用者本人である女性と、めいを加えた4人で話し合いが始まり、少し遅れて女性が1人参加した。その話し合いは、めいと女性が罵《ののし》り合い、本人が泣き出し、まさに修羅場と化したのだ。

半年前

ケアマネジャーの常田睦美《つねたむつみ》さんが地域包括支援センター（以下、地域包括）から認知症の1人暮らしの女性を紹介されたのは、「話し合い」の半年前だった。その女性は大野さんというらしい。在宅酸素療法（HOT）が始まったことで、主治医が家族を説得し、介護保険を申請することができたのだという。家族とは、市内に住む娘で、時々来ては世話をしているそうだ。娘は、「自分が面倒を見るから介護保険の必要はない」と言ったらしいが、**主治医が「申請だけはしておいたほうがよい」と娘を説得した**という。ちなみに、大野さんは、生活保護の受給者だという。娘は嫁いでいて、経済的な支援（扶養）は受けられないのだろう。紹介を受けた常田さんは、取り急ぎ、利用者宅を訪問することにした。

大野さんは、経鼻カニューレを付けていた。通されたのは6畳の茶の間で、ちゃぶ台の前には本人が座る座椅子があり、その横には酸素濃縮装置が置かれていた。延長チューブもつながれていて、トイレや浴室に付けたまま行けそうだ。流量計は1Lを表示していた。在宅酸素療法になった疾患は、喫煙習慣によるCOPDだと主治医から聞いている。停電時用の酸素ボンベは、台所の隅に置かれていた。外出時に使用するボンベは見当たらない。

「間に合っています」

自己紹介を済ませた常田さんは、「酸素を吸うようになって、何かとご不便でしょう」と聞いてみたところ、「酸素をしないと長生きしないと言われ

主治医が「申請だけはしておいたほうがよい」と娘を説得した

大野さんは、訪問してくれる主治医の「説得」を受けて、介護認定の申請に至りました。「説得」の効果によって、手続きが一歩進んだということです。大野さんの生活の状況を客観的に捉えると、介護認定の申請は必須に近いと言えますが、申請までのプロセスには十分注意が必要です。（197頁「『説得』は適切？」参照）

ている」と返事があった。「お医者さんがそうおっしゃったのですか?」と問うと、「そう」と答える。再度、「何かとご不便でしょう?」と問い直す。「いや、別に不便はない」と言う。「お買い物はどうされていますか?」と具体的な質問にする。すると、大野さんはこう答えた。

「間に合っています」

常田さんは質問を続ける。

「どなたかがお買い物をしてくださるのでしょうか?」

「娘よ」

「それは、助かりますね」

認知症高齢者の日常生活自立度はランクⅠとされている。「何らかの認知症を有するが、日常生活は家庭内及び社会的にほぼ自立している」状態だ。家事もほぼ自立かもしれないが、家事の中でも、料理づくりからできなくなる認知症の人は多い。料理づくりは、献立を考える、材料を揃える、材料を切り揃える、献立ごとに料理法を変える、火加減を調節する、味付けをするなど、難易度の高い家事だからだ。常田さんは、質問を続けた。

「お料理づくりも、毎日大変でしょう?」

「毎日娘が、食べる物を持ってきてくれるから、大丈夫」

娘が、日常を支えているようだ。娘はどう考えているのだろう。本人に娘に連絡してもよいかと聞いてみた。すると、**「あまり迷惑をかけたくない」**と言う。そこで、常田さんはこう言ってみた。

「迷惑をかけたくないというお気持ちなのですね。娘さんはきっと迷惑だとは思っていらっしゃらないのではないでしょうか?」

「……」

「ただ、毎日いらっしゃっているようですし、娘さんのご負担を減らすための方法を相談するために、一度連絡をしたいのです」

大野さんは、それでも、「娘は忙しいから」などと言う。それにしては毎日来ているわけだし……、遠慮しているのだろうか。常田さんは、「娘さんのためだから」と説明を続け、何とか承諾を取り付けた。

「忙しいので」

娘の声は思いのほか若かった。40代か、まさか30代?　本人宅への訪問では、家族構成を聞くまでに至っていない。大勢いる子どもの末の娘?

「あまり迷惑をかけたくない」

家族への連絡を打診した際に、この言葉が利用者の口から出た場合は、要注意です。「迷惑になるから連絡をしないでほしい」は、決して小さくはない家族間の葛藤がある際に耳にするものです。その葛藤の内容は後に気付くことが多いのですが、「もしかしたら何かある家族かも」との事前予測はあってよいものでしょう。

それとも大野さんは相当に晩婚？　声だけ若づくり？　いろいろな想像が頭をよぎったが本題を急いだ。

柔らかな物言いながらも、最初のうちは自分が世話をするからサービスの必要はないと明確な意思を示していた。しかし、娘の心身の疲労を心配する常田さんの気持ちが通じたのか、「そこまで心配してくださるのなら、少しだけお手伝いをお願いできますでしょうか」と言うまでになった。

相談の結果、週2回ヘルパーに入ってもらうのがよいのではないかという結論になった。もちろん契約については、本人の意思確認と合意が必要だ。その旨を告げると、娘は「母は、自分で決められますから」と言う。常田さんも、そのとおりだと思う。ただ、今後のこともあるので、娘にも一度は会っておきたかった。何かあったときのために家族に書いてもらう契約書の欄があるし、いろいろ説明もさせていただきたいと、契約時の同席を頼んでみたのだが、「とても忙しいので」と断られた。

「お母さまのお宅に毎日いらっしゃっていると伺いました。そのときに時間を少しだけ頂戴できませんでしょうか？」

「食事を置いたらすぐに帰らなきゃいけないので、申し訳ありませんが、時間を取るのは無理です」

柔らかな物言いながらも**「無理」に絶対的な響きがあった。**

「ご都合の良いときでよろしいのですが、ぜひ一度お会いできれば……」

「仕事をしているし、夫もあまりいい顔をしないし、遠慮しながら毎日通っているので、時間を取るのは難しいです」

これ以上は、無理強いになると常田さんは思った。

サービスの利用が始まる

本人は、「娘が楽になるなら」と納得し、週2回の訪問介護の利用が始まった。担当ケアマネジャーとなった常田さんが、本人から聞き取った内容や主治医および地域包括からの情報を総合して整理しておく。

・本人は、大野《おおの》早苗《さなえ》さん83歳、要介護2
・夫を亡くしてから1人暮らし。夫の死は10年くらい前（本人談）。死因は不明（聞き出せていない）
・娘が世話をしている。主な内容は、食事を毎日持ってくる、通院時の同行（娘の車を使用）

「無理」に絶対的な響きがあった

ケアマネジャーによる支援の現場では、強い拒否の態度を示す言葉を浴びせられることが少なくありません。「無理です」「できません」「お断りします」「勘弁してください」、中には「あなたには関係がない」などです。このような完全拒絶の背景にアセスメントのポイントが間違いなく存在します。そのポイントは、時間がかかってもたどり着きたい場所だと言えます。

・ほかの子どもについては不明（聞き出せていない）

・夫とともに、小さな中華料理屋を開いていた。夫の死亡とともに廃業

・**生活保護を2年ほど前より受給**

・住まいは賃貸アパート

・COPDのため、在宅酸素療法を開始。服薬もある

・主治医は、訪問診療に切り替えた

・サービスは訪問介護（生活援助）を週2回利用

サービス利用開始からほどなくして、常田さんは、やはり娘に直接会ってあいさつだけでもしたいと思い、娘が来る時間に合わせて大野さん宅を訪問した。話ができたのはほんの少しだけだったが、顔を見ることができてよかったと思った。仕事帰りなのだろうか。スーツ姿がまぶしかった。そして、電話の声の印象どおりに若かった。

サービス提供責任者からの報告

訪問介護の利用が始まって2カ月後、訪問介護のサービス提供責任者から、「最近、娘さんのいらっしゃる回数が減ってきた」と報告を受けた。

生活保護を2年ほど前より受給

物語では、聞き出せた情報として「中華料理屋の廃業」「生活保護の受給」「賃貸アパート暮らし」があげられています。このように条件が並ぶと、ベテランであればあるほど、自らの経験に当てはめて「ああ、そのパターンね」となりがちです。しかし、思い込みで利用者をアセスメントすることは、正確性を欠きますし、何より利用者に失礼です。ラベリングの志向をなくすことはケアマネジャーにとって大変重要です。

主なサービス内容は、掃除と洗濯であり、毎日の食事は、娘が持ってくる物に依存している。しかし、最近は2日分をまとめて持ってくるなどが多くなったことで、惣菜が固くなってしまい、本人が食べにくい様子が見られるというのだ。栄養状態も心配なので、訪問介護での調理か、配食サービスを検討してはどうかという提案もあった。

「薬の飲み忘れもあるようです」

「認知症が進んだ感じでしょうか？」

「担当のヘルパーからは、そのような報告は受けていません」

「近いうちに一度、伺ってみましょう」

そう伝えた数時間後、先ほどのサービス提供責任者から、電話が入った。

「今日はサービスの提供日だったんですが、ヘルパーからたばこの吸い殻を見つけたとの連絡がありました」

大野さんは、在宅酸素療養者だ。もちろん、火気厳禁。酸素吸入中にたばこを吸うと、大やけどや火事に結び付く重大なリスクがある。そもそも、**主治医から喫煙は止められているはずだ。**

主治医から喫煙は止められているはずだ

物語において、喫煙が大きな課題となっていますが、これをどのように考えたらよいでしょうか。嗜好品を楽しむ自由と健康や安全上のリスクをしっかりと考慮する必要があります。（201頁「嗜好と疾患―権利擁護の視点から考える―」参照）

娘へのお願い

自宅に駆けつけると、確かに吸い殻入りの灰皿があった。常田さんは、たばこの危険性を説明した。わかってもらえるまで、繰り返し説明しようとしたのだが、大野さんは、「娘が吸った」と言う。それが本当なら娘に強いお願いをする必要がある。常田さんは、事業所に帰るとすぐに、次のような趣旨の電話を入れた。

【喫煙に関して娘に伝えたこと】

・在宅酸素の使用中にたばこを吸うと、大やけどや火事の恐れがある
・肺疾患の患者の近くでたばこを吸わないでほしい
・本人は元々たばこを吸っていた人なので、今は吸えないことへの悲しさや寂しさを感じてしまうだろう
・本人がたばこを吸いたいと思うようになり、もし吸ったら、病気の進行や事故の面でも命取りになる
・どうか、本人の前でたばこを吸わないでほしい

そんな常田さんのお願いに対し、娘は「わかりました」と応じた。

無力感

「このところ、娘さんが来る回数がめっきり減ってしまって……」

そんな連絡を訪問介護事業所からもらったのは、常田さんが娘にお願いの電話を入れた数週間後のことだった。「いつからですか?」と尋ねると、「お願いの日」以降のようだ。

娘は、へそを曲げたのだろうか、と考える間もなく、サービス提供責任者は、窮状を訴えた。

「大野さんが持っているお金が少なくなり、買い物に行けないことがあります」

娘の訪問が毎日ではなくなって以来、必要時には、ヘルパーによる買い物がサービスに追加されている。娘の訪問頻度がさらに減ったために、買い物の必要性が増えた。ところが、買い物用のお金がないというのだ。ということは、生活保護費は、娘が管理していることになる。サービス提供責任者は、さらにとんでもない情報を告げた。

「大野さんご本人が、たばこを吸っていたようなんです。たばこの箱を見つけました。大野さんは、娘が吸ったとおっしゃいますが、娘さんが来ていないのに灰皿には吸い殻があります」

認知症の1人暮らしの在宅酸素療法ということで、サービスの導入を急いだが、ここに来て、**常田さんは、大いなる無力感を抱くようになった。**たばこに関して、本人も娘も嘘をついていたことになる。金銭管理についての問題も出てきた。

支援の行き詰まりを感じた常田さんは、取り急ぎ、生活保護課のケースワーカーに相談することにした。

驚きの事実

ワーカーと今までの経緯などをやりとりしていくうちに、話が噛み合わないところが、いくつか出てきた。すると、ワーカーは信じられないことをつぶやいた。

「この人に、娘さんはいないはずだけどなあ」

常田さんは、ワーカーが言っている意味がわからずに、聞き返した。

「今、何とおっしゃいましたか?」

「娘さんがいないはずだと言いました」

常田さんは、大いなる無力感を抱くようになった

利用者やその家族に嘘をつかれたとき、ケアマネジャーは「腹が立つ」「情けない」「もう何もしてあげない」と思うかもしれません。でも本当にそれでよいでしょうか。人は誰もが他人に触れられたくない「領域」があるもので、そこへの進入を防ぐ手段として、嘘をつく場合もあります。嘘の背景にその「領域」があって、そこにこそアセスメントのポイントがあるはずです。利用者・利用者家族に嘘をつかれたとき、それはアセスメントポイントに近づいた瞬間なのかもしれません。

「えっ！」

「娘さんどころか、この人にお子さんはいませんよ」

「じゃあ、誰なんです、あの娘さん⁉」

常田さんはワーカーの顔をまじまじと見た。

それからワーカーは、市役所の他部署に問い合わせたりして、大野さんの身上を入念に調べた。調べ終わるのを待っていた常田さんに、ワーカーはきっぱりと言った。

「確かです。大野早苗さんに、お子さんはいません」

養女を迎えた事実もないという。驚きを引きずりながら市役所を退出した常田さんは、大野さんの主治医のクリニックに向かった。主治医の関わりは常田さんより長い。何かを知っているかもしれない。

ところが主治医は、腰を抜かさんばかりに驚くだけだった。地域包括の担当者は、目を白黒させた。サービス提供責任者に連絡すると、しばらく信じてもらえなかった。

次はいよいよ大野さんへの確認だ。常田さんは、どのように尋ねようかと、あれこれ考えた。特に頭をひねったのは、尋問にならないようにする聞き方だ。並行して、金銭管理の方法についても策を練った。成年後見制度が最も有力な選択肢。ただ、少し時間がかかるので、つなぎに社会福祉協議会の日常生活自立支援事業の利用も射程に置いておく。いずれにしても、大野さん本人の意思を丁寧に確認しながら進めることが肝心だと、常田さんは心した。

ある問いかけ

大野さんが「私の娘」と言い、女性も「大野の娘」と言うことをはばからなかった「娘」と名乗る女性と大野さんの関係について、どこで出会い、どのような交流を続け、そして、生活保護費を女性が管理するまでに至ったのか。常田さんは、焦らず、ゆっくり尋ねていった。

結論から言えば、多くのことはわからなかった。ただ一つ、「その娘さんとは、いつお知り合いになったのですか?」の問いかけに、「主人が亡くなってから」という答えが返ってきた。

本当の娘ならば、「知り合ったのは?」の問いかけに答えようがないはずだ。この問いかけは、あらかじめ用意したものではなかったのだが、大野さんが、「娘がよくしてくれて」とか、「よく世話をしてくれる娘で」などと、あまりにも繰り返すので、とっさに、「その娘さんとは、いつお知り合いになったのですか?」と聞いてみたくなったのだ。

「主人が亡くなってから」と思わず答えた大野さんに、常田さんは静かに尋ねた。

「本当の娘さんではないのですね」

大野さんは、否定しなかった。そして、言った。

「娘のようなものよ」

常田さんは、「そうだったんですね」と答え、それ以上の問いかけは行わなかった。もし続けると、大野さんの嘘を暴くことになると考えたからだ。ケアマネジャーの面接は、審判ではない。

ケースワーカーの調べ

娘ではないことが判明した女性に、引き続き関わってもらうかどうかはともかくとして、**少なくとも金銭管理だけは、委ねてはならないだろう**。その方法の相談に、常田さんは再び生活保護課に出向いた。

「娘のようなものよ」

物語においては、娘ではない人が娘であると嘘をついていたことが大きな問題となっています。しかし、仮に初めから娘ではない人が、嘘をつかずに「娘のようなもの」として、関わっていたとしても怪しさを感じると思います。この違いは何でしょうか。（215頁「娘のような人をどう考えたらよいのか」参照）

少なくとも金銭管理だけは、委ねてはならないだろう

成年後見の関係でよく出会う事象に、「親族の金銭搾取」があります。特に夫婦や親子は非常に濃密な関係にあり、共有されている金銭管理のルールも独自性が高いです。そのため、「ルールの範疇《はんちゅう》」と称して金銭搾取をしている場合も少なく

「こちらから連絡しようと思っていたところでした」

そう切り出したケースワーカーは、「見つかりましたよ」と続けた。見つかったのは、親戚だ。

「亡くなった夫の弟さんが、A県のB市にいましたよ」

A県は隣県だが、B市とはそこそこ距離があり、車なら高速道路を利用しても3時間近くかかる。

生活保護は2年前からであり、その8年前に夫は亡くなっており、扶養義務者としての調査の対象にはならなかったのだという。ただ、現状では唯一の親戚となる。

常田さんは、当面は、日常生活自立支援事業で金銭管理を行い、将来的には成年後見制度に移行する方向で検討したい旨をワーカーに告げた。いずれにしても、親戚の存在が判明した以上、連絡を取っておくことが懸命だ。金銭管理を担ってくれるかもしれない。そんなことを常田さんが考えていると、ワーカーが、「それでね、早速連絡をしてみたんです」と言うではないか。

「弟さんは、大野早苗さんからは、義理の弟になる人ですが、かなり耳が

ありません。このようなことから考えると、娘ではないことのみをもって金銭管理を委ねてはいけないと判断することは早計かもしれません。物語では、娘だと偽っていたことも考慮して、金銭管理は委ねないと判断したようです。

遠いようなので、その娘さん、つまり義理のめいの方が対応してくれました。『おじさんが元気な頃は、時々遊びに行きました』と懐かしそうでした。このところ、早苗さんとは音信不通のようで、何かあったのかと心配されました。何しろ役所からの突然の電話ですからね」

次に、ワーカーが続けた話は、深刻な内容を含んでいた。

「本人が生活保護を受けていたことに、とても驚かれましてね。中華料理屋は小さいけれども、かなり繁盛していたそうです。暮らし方は派手ではなく、老後に備えた蓄えはあったのではないかと言うのです。『それがなぜ生活保護に！』と驚かれたわけです」

「本当ですか！　それなりの蓄えがあったという話」

「あくまでも、めいごさんの話です」

「その話が本当なら、蓄えはどこに？」

「さあ、それはわかりません」

「……」

「それと、常田さんのことを紹介しておきました。今度、担当のケアマネジャーさんから連絡があるでしょうと伝えておきました」

手回しがいいことだと常田さんは思った。

「娘と名乗っている女性については、触れていませんので、そのあたりもよろしく」

ケアマネジャーに振ろうとする意図が見え見えだったが、常田さんは、「紹介してくださり、ありがとうございます」と礼を言った。

疑念を脇に置き

娘と名乗る女性への疑念は募るばかりだ。老後への備えはどこに消えたのか、生活保護費は本人に満額渡っているのだろうか？

そんな疑念をひとまず脇に置き、**大野さんのめいに電話をした**。めいは、常田さんからの電話を待っていた。

「おばのことが心配で、どんな様子なんでしょうか？」

心から案じている感じを受けた常田さんは、娘と名乗る女性の存在には触れないで、関わり始めてからの経緯を説明した。認知症と診断されているが、自分でいろいろなことを決めることができるという状況報告には、めいは少し安心したようだった。「ただ、心配なこともあります」と付け

大野さんのめいに電話をした

多くのケアマネジャーが経験している、遠くの親族へ連絡を取るというイベントですが、その際の留意点はどのようなものでしょうか。大事なことは、相手を驚かさないことです。丁重にあいさつした後、連絡をした理由を懇切に説明し、必要があれば協力を依頼しましょう。負担をかけることは気が引けますが、利用者の暮らしのために親族の支援チームへの参加の背中を押すのは、ケアマネジャーの役目なのかもしれません。

加え、たばこをこっそり吸っている件についての話をすると、「まあ、とんでもない」とあきれていた。

「おじさまがご健在の頃は、お越しになられていたようですね」

「ええ、おじのつくるチャーハンと、おばが出してくれるデザートのあんこの入ったパイをよく食べました。私はどちらかというとおばのデザートのほうが好物でしたけど」

常田さんは、思い切って聞いてみた。

「市役所のケースワーカーさんの話では、老後の蓄えがあったはずなのに、生活保護を受けるようになったので、びっくりされたということでした。どの程度の蓄えがあったかご存じですか?」

「あの電話の後で、父に聞いてみたんです。はっきりとは言えないけど、少なくとも3千万円か4千万円はあったのではないかということでした。何かの折に聞いたことがあるそうなんです」

しかし、その蓄えはなくなっている。もしも、娘と名乗る女性が関係しているとしたら大問題だ。脇に置いた疑念が鎌首をもたげそうになったが、推測の域にすぎないので、もう一度脇に置き、「今後のことなどを相談したいので、一度こちらにお越しいただけないでしょうか?」と依頼した。
めいは、「おばに会いたいし、心配でもあるし、ぜひ伺いたい」と応じた。

避けられない道

「お世話になったお礼を、ぜひしたいという方がいらっしゃるので、お会いいただけないでしょうか?」

常田さんは、娘と名乗る女性に、だめで元々と思い、そう言ってみた。するとなんと、女性は会うことを承知したのだ。時間は女性の都合に合わせ、金曜日の夜7時に決まった。

当日、めいには、事前に話したいことがあるので、と少し前に来てもらうように依頼した。

午後5時、常田さんがサービス提供責任者と申し合わせて大野さん宅を訪問すると、めいは、すでに来ていた。お昼過ぎには着いていたそうだ。大野さんは、笑顔だった。話がはずんだのだろうか。ケースワーカーと地域包括にも声をかけたが、どちらも都合が悪く来られないという。

早速、今までの経緯を説明した。

早速、今までの経緯を説明した

伝えないわけにはいかないけれど、どこからどう話してよいものやら……。このようなことは私たちの日常でも時々あります。まして や、娘と名乗る女性が金銭搾取をしていた疑いなどという、極めてデリケートな内容であればなおさらです。大事なのは、伝えなければならない内容を過不足なく必要な人に届けること、いわゆるプレゼンテーション能力です。サービス担当者会議の席でも要求されるこの能力は、隠れたケアマネジャーの素養と言えるでしょう。

「やっぱり、そんなことがあったんですね。だから生活保護になったんだわ。許せない！」

めいの顔がみるみる怒りに満ちてきた。常田さんは、その事態を予測していた。しかし、この場を設けるのは、避けられない道だと、あらためて腹をくくるのであった。

夜の会議

午後7時過ぎ、娘と名乗る女性がやって来た。「すみません、遅れちゃって」と軽いノリである。

一方、待ち構えるめいは、戦闘モードだった。ただならぬ雰囲気を感じ取った女性は、部屋の入り口付近に身構えながら座った。

6畳と4畳半がつながった畳の部屋だった。部屋の奥には、大野さん本人が座椅子に座っている。その近くにめい、めいに向かい合う形で、大野さんの位置に近い順から、サービス提供責任者とケアマネジャー、最後に入ってきた娘と名乗る女性は、少し離れて座った。

簡単なあいさつで始まった夜の会議（話し合い）は、めいが女性に浴びせた「娘と名乗っていたそうですね」の言葉を境に、修羅場と化していく。

「娘のようにお世話をしたということです」と女性が言うと、大野さんは、

「本当に、よくしてくれたんですよ」とかばう。

「でも、娘と言っていたことは確かですね」

「私が、娘のようなものだと言ったから合わせてくれたんだよ」

「おばさんは、だまされたのよ！」

「何をだましたというのですか」

「おばの通帳を預かっているというじゃありませんか」

「代わりに銀行に行って、預金を下ろしているだけですよ」

「それだけですか！　最近は満足に生活費が渡ってないというではありませんか。ねえ、そうでしょう？」

めいは、サービス提供責任者に同意を求める。

「はい。**どうしても足りずに、私たちで立て替えることもあります**」

「最近、仕事や家庭のことが忙しくて、ごめんなさいね」

めいが口を挟む。

「これからは、私たちで金銭管理を行いますから、通帳は返していただき

「どうしても足りずに、私たちで立て替えることもあります」

物語では利用者の生活費が不足した場合、ヘルパーが立て替えていたようです。やむを得ずといった事情はわかりますが、利用者とのトラブルを避けるのであれば、金銭の貸し借りは控えるべきです。訪問介護は、利用者が持つお金を使って支援をしますが、お金自体を何とかする業務ではありません。

ます」

「もちろん、そうさせていただきます。こちらは、親切心で預かっていただけですからね」

今度は、サービス提供責任者が発言する。

「たばこも、親切心で買ってきたわけですか。たばこがどれだけ健康に悪いかご存じですよね。特に大野さんにとっては、たばこは命に関わります。大やけどや火事の危険だって……」

「私が買ってきてほしいと頼んだんだよ」

「いくら頼まれたって、本当の娘さんなら、そんな危ないことは絶対にしませんよね」

「そうですよ」

めいが賛同すると、大野さんが女性をかばい、繰り返す。

「私が頼んだんだよ」

「そちらだって、親戚でありながら、ずっと放っておいたんじゃありませんか。今頃出てきて、ああだこうだ言うのって、勝手すぎませんか⁉」

「生活保護を受けてるって知りませんでした。おばたちは、老後に備えて十分な蓄えをしていました。そのお金がなくなっています。あなた、通帳を預かっていたんですよね。そのお金、どこにやったんですか！」

「えっ！　今、何て言いました⁉　私が盗んだって言うんですか。冗談じゃありませんよ。エアコンだって私が買ってあげたんですよ。そのお金を返してください」

「まあ、盗人猛々しい」

「何を証拠に、私を盗人呼ばわりするんですか！」

そんな激しいやりとりが1時間以上続いた。

涙

大野さん本人は、責められる女性をかばうような様子を見せていたが、罵り合いになってくると、「どうかもうやめておくれ」と涙を流しながら懇願するようになった。

その様子を見ながら、ケアマネジャーの常田さんは介入を強めることにした。本人を泣かせてまで、ここでもめることはないと思ったからだ。常田さんは、本人の心身面の健康とより良い暮らしの実現のために、これか

「まあ、盗人猛々しい」

搾取をした「盗人」は、その自覚があればあるほど「言い逃れ」の方便は十分に検討済みのはずです。ああ言われたらこう切り返す、あれを見せろと言われたらこれを出すなど、周到に準備をしているでしょう。そしていよいよ追い込まれたら、しっぽをつかまれる前に姿を消す。この物語の娘と名乗る女性は、盗人だったかどうか、真相はわかりません。

ら誰がどのように支援していくのかの話し合いに方向転換を求めた。

娘と名乗っていた女性は、「帰りたい」というそぶりを見せ始めた。「家の用事もあるし、それに、親戚の方がいる以上、私がお手伝いすることは、ないような気がします」

「逃げるのですか！」とめいが言えば、大野さんが「どうか、責めないでおくれ。もう終わりにしておくれ」と嘆願する。

常田さんは、修羅場に戻らないように、「どうぞここは、ご本人の大野さんのお気持ちを尊重して、今夜の集まりは、いったん区切りをつけましょう」と提案した。

一応の決着

娘と名乗っていた女性は退出した。残った本人、めい、サービス提供責任者、ケアマネジャーの４人で今後のことを話し合った。

金銭管理については、めいの居住地が他県であることもあり、ケアマネジャーの常田さんが提案した日常生活自立支援事業を当面利用することになった。娘と名乗っていた女性はもう来ないだろう。ヘルパーの回数を増やすことになった。薬の飲み忘れを防ぐため、薬剤師の訪問を新規に加えたらどうかという提案もあった。

でもやっぱり、めいの怒りは収まらず、「訴訟を検討したい」と言い始めた。すぐに大野さんが反応した。

「どうか、大ごとにはしないでおくれ」と再び涙ながらに訴えたのだ。常田さんは、成り行きを見守るしかなかった。何度かの押し問答の末、めいは、「わかった。おばさんがそこまで言うのなら、ひとまずこのままにしておくわ」と引き下がった。

「その代わり、一つだけお願いがあるの」

それは、訴訟を断念することとの交換条件だった。

「もう、あの女の人とは、会わないでちょうだい」

大野さんは、すぐに返事ができないでいた。常田さんには、大野さんと女性との間に、どのような交流があったのかはわからない。しかし、この夜の会議で、あれだけかばい続けたのだ。それだけ、大切な存在であったのだろう。どれほどか時間が経って、大野さんは声を絞り出した。

「わかった。もう会わない」

「もう、あの女の人とは、会わないでちょうだい」

めいのお願いに、大野さんは「わかった。もう会わない」と声を絞り出しましたが、果たして2人が会うことを防ぐことは可能でしょうか。利用者が自宅で生活しているのであれば、深夜等に娘と名乗る女性が訪れる可能性は十分ありますし、女性に心を残す大野さんが水面下で手引きすることも十分に考えられます。そして、娘と名乗る女性が搾取者であるのならその可能性は高まり、搾取が継続されることも懸念されます。

どこまでも寂しげであった。

＊

それから幾年かが過ぎた。大野さんは、すでに亡くなっている。今もなお、常田さんは、あの夜の会議の、大野さんの寂しそうな表情が忘れられない。娘と名乗った女性が大野さんのお金を使い込んだのかどうかは、藪の中だ。きっと、自分たちの介入が、使い込みによる横領から、大野さんを守ったのだろうと信じるしかない。でも、本当に横領だろうか。大野さんは、それを承知していたのではないのか。あの夜に見せた大野さんの振る舞いは、とても認知症の人とは思えないものだった。本当に、あれでよかったのか。人生の終幕近くに現れた大切な人との仲を力で引き裂いてしまったのではないか。きっとこの先も、あの夜のことを思い出すのだろうなと、常田さんは思った。

Lecture
高齢者の権利擁護

私たちケアマネジャーは、高齢者の尊厳・権利を守るために大きな役割を担っており、みなさんも普段の実務・研修を通じてそのことを感じていることと思います。高齢者の権利擁護といえば、高齢者への虐待や成年後見制度が思い浮かび、その対応についても、ある程度想像ができると思いますが、ケアマネジャーはどのような考え方や立場に基づき対応すべきかと問われると、すぐに答えられる人は少ないかもしれません。

物語では、ケアマネジャーの常田さんが利用者の大野さんの生活を支え、守るために思考を巡らせ、ときには葛藤をしながら行動をしています。

この章では、高齢者の権利擁護に関わる制度に触れながら、ソーシャルワークにおけるケアマネジャーの役割や立場、考え方について、学んでいきましょう。

1　利用者の地域生活と基本的人権

日本はかつて戦後から長らく施設を中心とした高齢者ケア政策を打ち出してきました。施設福祉中心の時代だと、ソーシャルワーカーの出番はそれほど多くはありません。自治体の窓口にいて、困った住民が来たときに、一定の条件のもとに福祉の措置を実施すれば事足りていたことでしょう。また、施設にいるソーシャルワーカーも、硬直的でパターナリスティック（父権主義的、上から目線で本人の意向を無視した介入）な態度で、生活指導を行っていたかもしれません。

しかし、現在は一転、高齢者の在宅・居宅での生活を推し進める政策へと転換しています。それに伴い、在宅・居宅あるいは地域におけるソーシャルワークの需要が高まっていますが、その実践は実に多様です。地域生活においては、施設とは異なり、利用者の主体的な生活が実現しやすくなります。しかし、同時にさまざまな外的要因が作用し、訪問販売による消費者被害、調理や暖房のための火の取り扱いミスによる火災、内服薬の服用誤りや服用忘れ、食品の取り扱い不備による食中毒など、利用者に負の影響を与えかねません。

また、社会福祉制度は、1990年代後半からは「措置（行政処分）」から当事者の自由な意思による「契約」の流れが加速し、2000年には介護保険制度が施行され、2003年には障害者分野でもほとんどのサービスが契約を前提に制度設計がなされました。契約は権利獲得のための重要なプロセスですが、それと同時に、義務を負うことになります。つまり、現代社会において在宅・居宅あるいは地域における利用者に、生活をつつがなく送ってもらうには、利用者の権利を守る体制の整備が不可欠になるということなのです。

そのような現代社会において、私たちケアマネジャーは常に、日本国憲法における基本的人権に思いをはせなければなりません。日本国憲法では「国民は、すべての基本的人権の享有を妨げられない」（第11条）、「すべて国民は、個人として尊重される」（第13条）とされており、すべての人の基本的人権は保障され、個人として尊重されなければなりません。思想・良心の自由などの自由権、「健康で文化的な最低限度の生活」を保障する生存権などの社会権、差別されないことを保障する平等権、政治に参加する権利を保障する参政権など、日本国憲法はいくつもの基本的人権を保障しています。

ケアマネジャーは利用者からの介護に関する相談に応じ、利用者が地域で主体的に生きていくための支援をするわけですが、この前提には憲法で保障されている基本的人権が存在します。そのため、ケアマネジャーは利用者のそれが十全に守られているのかについて、いつも敏感でなければなりません。これこそがまさに権利擁護の基本となります。

「説得」は適切？

介護認定の申請はあくまでも、利用者本人やその家族の意思で、行政機関に対し、手続きを進めることを求めるものであり、介護保険給付の受給を目指す能動的な法律行為と言えます。したがって、「説得」による介護認定の申請は、制度の趣旨から外れてしまう可能性があります。

医師は目の前の患者を苦しめている病巣を探り当て、必要な治療を施し、心身の回復に努めます。そのエビデンスは極めて科学的であり、同じ病気なら同じ治療法が、かなりの確率で効果があります。したがって、医師は、「あなたの病気はこうだから、この治療法で治していきましょう」と説得することができるのです。もちろん現代の医師は、インフォームドコンセントやインフォームドチョイスを行います。しかし、医師は高齢者や障害者に関しては、この物語のように「説得的に」迫る傾向にあるように思います。もちろん例外も多くありますが、医師が患者を説得するのは非常に自然なことと言えるでしょう。

一方、私たちケアマネジャーは、説得によって利用者を支援することを肯定的に捉えることはまずありません。「危機介入」、つまり、説得などの強い方法で利用者に関与し、利用者の行動の変容をもたらす支援方法は、利用者の生命や財産に危機的状況が迫っている際に限定されるもので、例外中の例外と言えます。

では、私たちは普段どのような方法で支援をしているのでしょうか。それは、利用者の訴えや希望を「受容」して、決して「審判せず」、利用者の「自己決定」を促していくという方法です。ケアマネジャーなら誰しもこの方法を深く知るところであり、非常に重要な思考過程と認識しています。

また、エンパワメントという言葉もあります。これは、利用者を「パワレス（力を失っている）」状態と見なし、利用者が主体的に生きていくための「パワー（力）」を利用者が身に付けることができるように側面から支援する、といった考え方です。この「側面支援」という概念が非常に重要です。支援者が前面に立たず、あくまでも利用者の可能性を信じ、利用者が自らの問題を自ら解決へと導く「パワー（力）」があるのだという前提で、支援を展開していくのです。説得という関与とは正反対のものであることがわかると思います。

説得は、私たちケアマネジャーには似つかわしくありません。「説得よりも納得」という言葉がありますが、利用者が何らかの理由で腑に落ちにくいときでも、納得の得られるような粘り強い対応が求められます。利用者を取り巻く状況の理解を促し、私たちが提案する内容を進めたほうがより良い暮らしにつながるものとの説明を尽くして、利用者の自己決定を待つことが大切です。これが、権利擁護に結び付いていきます。利用者が納得して活用する制度やサービスこそが、利用者に対して力を発揮するからです。

実際にこの物語でも、当初は大野さんへのヘルパーの導入に対して、娘（と名乗る女性）から抵抗がありました。ここでの抵抗は、さまざまな理由が考えられますが、たとえ物語のようなケースでなくても介護認定の申請の時点で納得がなければ、その後の支援をするにあたり、壁ができてしまうでしょう。

2　権利擁護のためのソーシャルワーク実践

ソーシャルワークの実践はさまざまな表現で説明されていますが、日本社会福祉士会のパンフレットでは、ソーシャルワークの実践を簡潔に、「つなぐ」「ささえる」「まもる」としています。このパンフレットによる「つなぐ」とは、第2章で検討した「サービスの調整・多職種との連携」のことであって、利用者の支援のために関係機関につなぐことを意味します。また「ささえる」は第3章で確認した「地域資源の活用・開発」のことであり、ソーシャルワーカーの持ち球である社会資源を利用者のために活用し、それらの資源とともに利用者の暮らしが成り立つための支援を行うことを意味します。そして「まもる」は、本章のテーマである「権利擁護」を意味します。

権利擁護は英語でアドボカシー（advocacy）であり、「代弁」とも訳されます。認知機能などが低下していることに伴い、自らの権利を主張できない利用者の代わりにソーシャルワーカーがそれを実行することにより、利用者の権利が保全され、利用者の暮らしの安寧が保たれるというものです。そしてこの権利擁護は、ソーシャルワーク実践の中でも、やや特殊な領域と言えます。

「ソーシャルワークは利用者のために」とはいえ、通常、立場的にはニュートラル（中立）を保つことの多い職業です。例えば、第2章で見たように、認知機能が低下した本人と家族のいさかいであれば、間に入って仲裁的な役割を果たそうとしますし、利用者からのサービスへの苦情処理も、サービス側の言い分も確認してから対応を判断するのではないでしょうか。「利用者の立場に立ち続ける」ことは、求められているようで、実際には実に微妙なものです。

一方で、多くはありませんが、「利用者の立場に立ち続けること」が求められるケースもあり、成年後見制度がその代表と言えます。成年後見人は、「利用者に代わって」「利用者の権利のために」「利用者にとって有益となるよう」活動することが求められ、監督人または家庭裁判所から厳しく監督されます。利用者の立場に立ち続けなければならないことが前提というわけです。

また、ソーシャルワーカーの守備範囲も広がる中で、司法と福祉の連携はごく日常的になっています。知的障害者や精神障害者、認知症などの人の相続・財産処分などの民事事件や、そのような人が罪を犯し、警察に逮捕された場合などの刑事事件において、弁護士とソーシャルワーカーはチームとして協力し、活動しています。それらの人々の権利を擁護していくためには、司法からの権利擁護と福祉からの権利擁護は、いずれも重要で、両者の連携においてこそ、重層的に力を発揮するものなのです。

嗜好と疾患―権利擁護の視点から考える―

本来、20歳を過ぎている人が喫煙することはまったくの自由です。物語だと、治療中のCOPDを重症化させることになるため、喫煙が大野さんの健康を害することにつながることは間違いありませんが、結果としての健康障害を大野さんが是認しているのであれば、喫煙することは自由です。しかし、大野さんの喫煙にはさらに重大な問題があります。大野さんは、在宅酸素療法にて加療中だからです。物語でも説明されているとおり、酸素機器に引火すると火災等の大惨事となる恐れが高く、大野さん1人の被害では済まなくなる可能性が高くなります。こうなると大野さんの喫煙が、一定の制限を受けるのはやむを得ないとされるかもしれません。

たばこは嗜好品です。嗜好は人生に潤いをもたらすとともに、のめり込むと重大な被害が避けられないことがあります。アルコール、ギャンブル、薬物、買い物、インターネット、ゲーム……。適度な楽しみであれば何の問題もないものが、一定の水準を超えると自らのコントロールが利かなくなり、依存症（アディクション）へと転落してしまいます。依存症は治療の対象であり、回復は可能ですが、ときに自分以外の人を巻き込む壮絶な事態を引き起こしてしまいます。依存症は現代社会における非常に大きな課題となっています。

嗜好を権利擁護の視点から考察してみましょう。「たばこが好き」「お酒を楽しみたい」「買い物だけが生きがいだ」「パチンコでスカッとしたい」。このような高齢者は決して少なくはありません。しかし、それが依存症と呼ばれる状態となったときや、認知機能の低下により自らの行動のコントロールが困難になったときは、当然保護が必要であり、その嗜好から一定の距離を置くことが求められることもありますが、それが本人の意に反している場合は、どう対応すべきなのでしょうか。

愚行権という概念があります。これは「客観的に見て、『どうしてあんな馬鹿なことを白昼堂々しらふでするのか』というような、馬鹿げたことをする権利」と説明されます（加藤 1997：178）。私たちの日常は「愚行」に満ちています。仕事が休みの朝は昼前まで寝ている、テレビを見てゴロゴロした後はパチンコにでも行ってみようか、夜は友達を誘って居酒屋へ、おや、飲みすぎて終電に間に合わず公園のベンチでゴロリ……。他人からは愚行と見なされることかもしれませんが、「俺の勝手」でもあります。私たちは意図せず、日常的に愚行権を行使していると言うことができます。

そしてさまざまな事情があるにせよ、私たちが高齢者に対して、その「愚行」に制限をかけることは許されてよいのでしょうか。

高齢者の保護と権利擁護はときに正反対の立場となることがあります。そしてどちらかに偏ることはアンバランスと言えるのではないでしょうか。物語の状況であれば認知機能の低下に配慮しつつ、たばこによる健康被害の増進と火災等のリスクを十分に説明していく必要があります。そして大野さんが納得する形で、自然とたばこから遠のいていく姿を求めていきたいものです。

3　ケアマネジメントにおける権利擁護―高齢者虐待への対応―

ケアマネジャーが行う権利擁護とは、どのようなものでしょうか。介護に関する相談に応じ、ケアマネジメントプロセスを展開させること自体が立派な権利擁護活動ではありますが、中でも高齢者虐待の対応は極めて重要です。

近年の社会福祉においては、虐待への関心の高まりと同時に、虐待を防止する法律の整備が次々と進みました。簡単に流れを整理しましょう。

子どもに関する虐待対応がまず先鞭《せんべん》をつけ、2000年に「児童虐待防止法」が制定されました。その後、DV（ドメスティック・バイオレンス）が後に続き、「配偶者暴力防止法」が制定されます。そして、「高齢者虐待防止法」、「障害者虐待防止法」が制定されました。

「高齢者虐待防止法」と「障害者虐待防止法」の正式名称は、それぞれ「高齢者虐待の防止、高齢者の養護者に対する支援等に関する法律」「障害者虐待の防止、障害者の養護者に対する支援等に関する法律」であることからわかるとおり、同時に「養護者の支援」も盛り込まれています。つまり、高齢者や障害者の虐待を防止するのは当然のこととして、その虐待の背景には大変困っている養護者（多くは家族）の存在があり、その人たちは支援が必要な状態にある、という考え方です。

この考え方は、ケアマネジメントに通底するものと思われます。先ほど見たように、私たちの通常の活動では、利用者の立場に立ち続けられることは実際に多くはなく、利用者と葛藤を抱える家族たちとの間で、やじろべえのようにバランスを取っています。「利用者さんの言うこともわかるが、家族さんの苦しみもわかる」が常です。逆に言えば、そういった仲介・仲裁機能に特化した職業とも言え、そこに専門性を見出すこともできます。虐待されている利用者と、その世話をする家族の両方に手当てのできる、実に貴重な人材であると考えることができるでしょう。ケアマネジャーは重大な福祉問題である高齢者虐待への対応に一定の専門性があり、その防止に資することを期待される立場にあるものと言えます。私たちの責任は大変重いものです。

ただし、虐待は必ず解消されなければなりません。その意味では、虐待対応の場合には「利用者の立場に立ち続ける」といった対応も求められます。しかし、被虐待者への支援を置き去りにした虐待の解消は、被虐待者の立場を危うくする場合があることも確かでしょう。

4　高齢者虐待の実際とケアマネジメント

それではなぜ、高齢者に対する虐待は起こってしまうのでしょうか。

図3を見てください。図によると、虐待の背景として「社会環境などの要因」が大きく取り上げられて、その中にさまざまな事情を持つ虐待者と高齢者の「人間関係」が内包されています。現代における社会のありようが背景となって高齢者虐待の発生を招いている、ということは十分に理解できますが、見過ごせないのはその要素として、「ニーズにあわないケアマネジメント」が示されている点です。高齢者虐待が発生してしまった事実を前に、ケアマネジャーはニーズを把握しきれていなかったのでしょうか。それとも把握はしていたが、そのニーズに直接対応するすべがなかった、あるいはそのニーズを表面化すると、より一層虐待がひどくなるのであえて水面下に置いていたのでしょうか。

高齢者虐待防止法によると、私たちケアマネジャーは虐待の情報をキャッチした際、市町村への通報義務を負うことになりますから、筆者にも数年に1件程度の通報実績があります。筆者の経験をもとにこの問題を考えてみましょう。

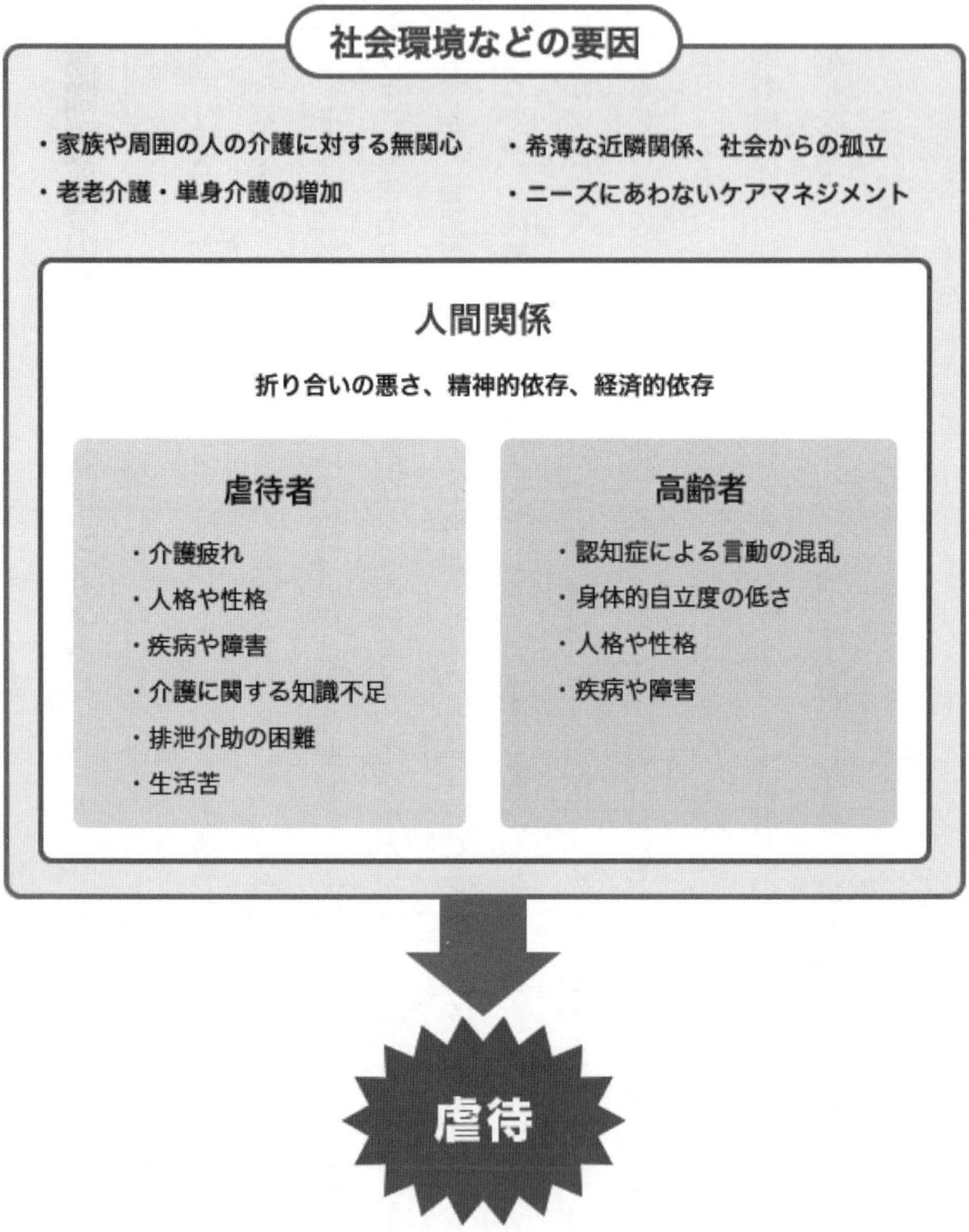

図３　高齢者虐待の背景

出典：東京都福祉保健局ホームページ「高齢者虐待防止と権利擁護」
https://www.fukushihoken.metro.tokyo.lg.jp/zaishien/gyakutai/understand/haikei/

事例①　経済的虐待

利用者の過去の勤務実績からすると、生活するには十分な年金受給となっているはずだが、なぜか生活に困窮している。隣町に住む孫娘が失業中で、頻繁に本人に会いに来ていた。孫娘は高級車を乗り回し、衣類や装飾品も派手。孫娘による年金の搾取を疑ったが、孫娘に直接問い合わせるわけにもいかず、本人に遠回しに確認するも、「そんなことはない」と全否定。

ある日、本人宅の電気が止められて困っているとヘルパーより連絡があり、確認すると、銀行口座の残高不足により電気料金の支払いができない状態であった。後に確認すると、年金搾取は事実と判明。孫娘を不憫《ふびん》に思った本人が、「私が好きでやったこと。あの子（孫娘）を責めないで」という。

事例②　身体的虐待

50代の知的障害のある息子が認知症のある利用者の世話をしている。この息子には少々荒っぽいところがあり、世話には常に不安が付きまとっていたが、利用者本人は息子の世話を喜んでおり、息子の関与の度合いを減らすことが難しかった。特に身体介護については全面的に避けたいと思われたが、息子の積極性と本人の息子への思慕《しぼ》の中、介入は困難だった。そのような中、利用中のデイサービスのスタッフより電話があり、「入浴介助中に背中や足に大きなあざを見つけた。殴られた痕のように見える」とのことだった。

事例③　心理的虐待、身体的虐待

90代の男性利用者を60代後半の息子夫妻が介護している。息子夫妻は常に本人の目の前で、「こいつは馬鹿だから」「何を言ってもわからない」「いっそのことどこかに捨てに行くか」などと口汚く言い続ける。また、「きちんとできるようになるためには体で覚えさせないと」などと言い、介助をする際、かなり乱暴なやり方をする。「そういったことはやめてください」と何度も注意するが、一向に態度を改めない。

事例④　身体的虐待

常時臥床状態の利用者に特殊寝台のレンタルを行っている。「落ちると危ないから」と「4点柵」の希望が家族からあったが、身体拘束に当たるので、と説明すると渋々納得。代替案を示し、転落には至らない日々を過ごしていたが、何度目かの訪問の際、「往診の先生（医師）から『危ないから柵でベッドを囲めばよい』と教えてもらった。身体拘束に関しては、『そんなことは関係ない。本人が安全ならそれでよいのではないか』と言われた。柵を追加してほしい」との要望があった。当該医師に尋ねるもまったく相手にされず、「安全を確保せず何がケアマネだ！」と言われてしまう。

少なくとも筆者の経験では、虐待が発生しそうもないケースで、ある日突然、虐待の事実が明るみになったことはありません。ニーズという言葉を用いて説明するなら、虐待が発生するかもしれない、あるいは、すでに発生していることが濃厚であるにもかかわらず、その利用者や利用者家族のニーズに対応できなかったというケースばかり、ということになります。ニーズに対応しなかったのではなく、「できなかった」のです。

もちろん虐待と明確に認識された場合は市町村に通報しますから、何らかの解決方法で虐待は収束します。しかし、利用者本人や虐待者にとって、その解決の結果が納得のできるものであるかどうかは、それぞれのケースによります。虐待下においてもほとんど何の苦痛も感じない利用者もいますし、収束を恨んだり悲しんだりするケースも少なくありません。物語のケースでも収束に対し、利用者と娘と名乗る女性とのつながりを断ち切ることとなり、悲しい思いをさせてしまったかもしれません。虐待の対応は、ケアマネジャー側にもさまざまな葛藤をもたらします。

このように考えると「ニーズに合わないケアマネジメント」は、必ずしもケアマネジャー側にその責任があるわけではなく、むしろ、ニーズに応えることのできない状況下に追い込まれたケアマネジメントも存在しているという実態を表しているのではないでしょうか。私たちは、やじろべえのようにバランスを取って、ぎりぎりの線で支援を展開している場合も少なくないのです。繰り返しになりますが、それこそが一定の専門性であると同時に、利用者への支援に力を発揮しているに違いありません。もちろん虐待防止に努めなければなりませんが、一方で「ニーズに合わないケアマネジメント」が存在するのは自然なことであり、そのほうが緩やかで柔軟な地域づくりに貢献しているのではないでしょうか。

5　ケアマネジメントにおける権利擁護―成年後見制度と日常生活自立支援事業―

ケアマネジメントにおいては、もはや成年後見制度と日常生活自立支援事業は大変メジャーな社会資源となりました。いずれの制度も利用者の権利擁護になくてはならないものであり、特に成年後見制度はその代替となるものが存在せず、あることが前提となって利用者の日常生活が展開されています。ケアマネジャーのみならず、介護サービス事業者や行政担当者にもその制度の趣旨は浸透し、「成年後見人とは何をしてくれる人なのか」の共通認識はかなり進んだ状態と言えるでしょう。

成年後見制度や日常生活自立支援事業の対象となる利用者（被対象者）は、判断や記憶の機能低下により、自らがその制度の対象であることの気付きや理解が一般的に困難であるため、周囲からの働きかけがそのきっかけとなることが多くなります。この場合の周囲とは、まずは家族があげられますが、別居であれば普段の様子の把握はしにくいですし、たとえ同居であっても家族という「色眼鏡」を通してしまうと、逆にきっかけを失いかねません。したがって、目の前の利用者に成年後見制度や日常生活自立支援事業が必要かどうかのスクリーニングは、しばしばケアマネジャーが担うこととなります。

国の想定では地域包括支援センターに社会福祉士がおり、「権利擁護業務」の中で成年後見制度の活用支援が期待されています。しかし、地域包括支援センターの社会福祉士は個別ケースを担当してはおらず、地域のどこに権利擁護のニーズを持つ利用者が存在しているのかの情報を一般的には把握していません。そのような利用者は、要介護者を担当している居宅介護支援事業所のケアマネジャーが声を上げることによって認識されることも多く、実際に地域包括支援センターを通じて成年後見制度の架け橋となった読者も相当数いらっしゃるのではないでしょうか。現実的に私たちケアマネジャーは、利用者が成年後見制度などの権利擁護制度を活用するための重要な役割を担っていると言えますし、その中心的存在と言っても過言ではないでしょう。現在、成年後見制度と日常生活自立支援事業が定着した背景には、ケアマネジャーの真摯な日常活動があるのです。

ここでは、成年後見制度や日常生活自立支援事業について、それぞれどのような違いがあるのかを理解し、それぞれの使い分けのポイントについて理解しましょう。

成年後見制度は、高齢者や障害者の判断能力の低下等に応じて、その保護のために保護者（成年後見人等）に法的権限を与え、それを適切に行使することを監督人や裁判所が監督するというものです。本人（成年被後見人等）の権限は「日用品の購入その他日常生活に関する行為」に限定され、それ以上の法的行為は成年後見人等の判断で取り消しとなる場合があります。このように日本の成年後見制度は本人への侵襲性が非常に高く、改善が必要だといわれています。

一方、日常生活自立支援事業は、本人の意思に基づく契約によって開始されます。判断能力の不確かさを補うために、例えば、金銭の出納や重要な書類の預かりサービスなどが行われていますが、それらのサービスはすべて契約によって取り決められており、本人の意思を逸脱することはありません。成年後見制度に比べると、侵襲性の低さを見て取ることができます。

なお、成年後見制度の場合、親族後見だけでなく専門職後見（弁護士、司法書士、社会福祉士など）があります。これらの専門職はいずれも権利擁護に関する専門性が高く、各々の職能団体に厳格な養成制度があって、適格者のみで構成される家庭裁判所への推薦名簿が存在し、事後の研修やチェックの体制も充実しています。したがって、介護サービス、とりわけケアマネジメントを評価する機能は非常に適切であるとの認識が必要です。私たちケアマネジャーは成年後見人によって、鋭く評価されていることになりますので、専門職後見を利用する利用者の支援は、私たちの腕を磨く良い契機となるでしょう。

成年後見制度と日常生活自立支援事業を単純に比較することはできませんが、侵襲性の高低は明らかです。侵襲性が高いと保護の確実性は増しますが、本人の権利への関与は深くなり、ある面では権利侵害と言える状況を招きかねません。一方、侵襲性が低ければ保護の力は弱くなりますが、本人の意思を尊重した支援が実現するため、権利侵害は起きにくいと言えるでしょう。

認知症により、判断能力が低下した利用者がいた場合、どちらの制度を利用すればよいでしょうか。例えば、その利用者が金銭管理にのみ不安を覚えているだけであり、日常生活自立支援事業による金銭管理が行われることで、在宅での生活を送ることができるのであれば、成年後見は不要だと言えるでしょう。より侵襲性の低い制度で生活が賄われるのであれば、それに越したことはありません。権利擁護の観点からは、成年後見は最終手段であるとの認識が必要です。

6　ケアマネジメントにおける権利擁護—詐欺・消費者被害—

私たちケアマネジャーは、利用者に降りかかる詐欺や消費者被害への対応も余儀なくされています。自宅で暮らす利用者は、施設などの外部から保護された場所にいる人とは違い、常に地域社会にオープンであり、自由でその人らしい暮らしを送れる反面、不審な人物からの攻撃を避けることは困難です。不当な訪問販売や「振り込め詐欺」などの危険は極めて日常的であり、利用者の周辺にそれらが存在することはむしろ自然なことで、だまされる場面を皆無にすることは不可能と言えます。

しかし、これらへの対応のために、筆者は日常的に次のようなことを実践しています。

①利用者に、「少しでもおかしいと思ったらまず私に電話して」と口酸っぱく告げておく

詐欺や消費者被害を引き起こす人たちは、弁舌巧みで状況設定も実にリアルに行い、ありとあらゆる方法でターゲットに襲いかかります。判断や記憶の力に自信がなくなった利用者は格好の対象であり、だましやすい「餌食」と認識されたら非常に危険です。したがって、「聞いたことのない声の電話」や「お金にまつわる話」、「売ったり買ったりする勧誘」には必ず、「まず『ケアマネに相談の電話をする』と言ってください」とお願いしています。本物のだましであれば、その時点で先方がリスクを感じて突然の終了となるでしょうし、そうでなければ「ケアマネに相談するのは良いこと、逆にそのケアマネの連絡先を教えて」などとなります。この方法であれば、事件の事前の対応となり、被害は全面的に回避されます。ただし、利用者が私たちに電話をするという、利用者による能動的な行動を前提にしているので、それができない場合は効果は期待できません。

②頻回に訪問するスタッフに目視と利用者への聴き取りを強化してもらい、少しでも異常があれば、迅速に報告してもらうよう、サービス担当者会議等で確認しておく

例えば、ヘルパーさんなどに、「見たことのない浄水器が台所にある」「高そうな羽毛布団が部屋の隅にある」「急に新聞が入りだした」「昨日男の人が来て『バッグを見せてくれと言われた』と○○さんが言っている」などの情報をいち早く知らせてもらうことです。情報のキャッチが早ければ早いほど、打つ手のバリエーションは広がります。事後であっても対抗することは可能な場合も多

く、各種の法律や制度にのっとり利用者を救済することができるのです。

一方で、判断・記憶能力が衰えているからといって、利用者の主体性や希望していることへの尊重が必要であることを忘れてはいけません。だまされてそれをしたのか、利用者なりの状況判断の中で、あえてそうしたのかの線引きは、あいまいであることも少なくありません。いずれにしても利用者の立場や気持ちに十分配慮した対応が、ここでも求められるのです。

娘のような人をどう考えたらよいのか

高齢者の支援の現場では、必ず家族の連絡先を確認し、家族の意向を踏まえることが常態化しています。そして、利用者と家族の意向が食い違い、ときに家族の主張が優先されて、利用者の意図とは異なった方向に事態が進んでいく場合も少なくありません。確かに利用者にはADLや認知機能の低下があるので、保護的に家族が関与することに一定の理解はできますが、とはいえ、なぜこのようなことが起こるのでしょうか。

日本では古来より、「家」の概念が受け継がれてきた歴史があります。「家父長制」ともいわれるこの慣習は、親から子、子から孫へと引き継がれる家族のあり方で、家長である男性に家族に関することを決定する権限が集中し、その他の構成員はそれに黙って従うというものです。

たとえ、その男性が子や孫であっても、その権限を行使することは当然のことであり、親や祖父母がそれに反することは認められません。「老いては子に従え」といった格言もあるとおり、家長の権限は絶対的なものだったのです。この家父長制は戦後廃止されましたが、家族が高齢者の意に反してでも物事を進めようとするさまは、このような慣習の名残ではないでしょうか。

現代社会では、個人はこうした「家」からは解放されています。家族が高齢者の意に反して、高齢者の意思決定を進めることは、時代遅れのみならず、高齢者の人権を無視した不当な行為であると言っても過言ではないでしょう。そう考えると、民法による扶養義務や相続などに関することを除いては、「家族」と「それ以外の人」に大きな差はないようにも感じます。

物語では大野さんが、娘のような女性に自らの財産を好きにさせていたようですが、これが大野さんの意思であり、そのことによって娘のような女性と親しい関係性を築くことができていたなら、そのことを誰が責めることができるでしょうか。このことを理解した常田さんは大きな葛藤を覚えたのです。大野さんの人生は大野さん自身のものであり、これを充実させるために大野さんの財産をどのように処分しようと、まったくの自由です。しかし、それが詐欺や強迫、巧みな悪意の工作によって演出されたのであれば、権利侵害と言えるでしょう。難しいのは善意と悪意の線引きと、その事後の検証です。権利擁護を意識すればするほど、支援者の混迷は深まります。「大野さんを守った」一方、常田さんが率先したわけではないにせよ「大切な人との仲を力で引き裂いてしまった」こともまた事実でしょう。私たちの仕事や役割は、ときに厳しい現実を目の当たりにしなければならないのです。

もっと知りたい

ケアマネジメントの三つのモデル

ケアマネジメントにはさまざまなモデルがあるとされています。ここでは、ロスが整理した①最小限モデル、②コーディネーションモデル、③包括モデルの三つのモデルの考え方を確認し、私たちのケアマネジメントがどのモデルに当てはまるのかを考えてみましょう（表1）。

①最小限モデル

ケアマネジメントの最も基本的な機能であるニーズと資源の結び付け、つまり仲介機能を果たすもの。

②コーディネーションモデル

仲介機能だけでなく、ミクロレベルの実践としての直接的ケースワーク（アメリカでいうケースワークは、カウンセリングやセラピー的な働きかけも含む）や、メゾレベルの実践としてクライエントを取り巻く周囲の環境に働きかけていく、クライエントのアドボカシー（権利擁護）や自然に存在するサポートシステム（家族、友人、協力者などで、専門的な訓練は受けたことのない、決まった役割を持たない支援者）の開発といった機能を加えたもの。

③包括モデル

コーディネーションモデルの機能に加えて、ミクロレベルの実践としての危機介入の機能、メゾ・マクロレベルの実践としてのサービスの質の監視の機能、不十分な社会資源を開発するアドボカシー（弁護・擁護）の機能、クライエントを取り巻

最小限モデル	コーディネーションモデル	包括モデル
アウトリーチ クライエントのアセスメント ケースのプランニング サービス提供者への送致	アウトリーチ クライエントのアセスメント ケースのプランニング サービス提供者への送致 クライエントのための弁護的機能 直接的ケースワーク 自然に存在するサポートシステムの開発 再アセスメント	アウトリーチ クライエントのアセスメント ケースのプランニング サービス提供者への送致 クライエントのための弁護的機能 直接的ケースワーク 自然に存在するサポートシステムの開発 再アセスメント 資源開発のための弁護的機能 サービスの質の監視 一般市民の教育 危機介入

表１　ケアマネジメントの三つのモデル

出典：ステファン・M・ローズ編／白澤政和、渡部律子、岡田進一監訳『ケースマネージメントと社会福祉』ミネルヴァ書房、1997年、51頁

くさまざまな人たちに、クライエントや彼らが抱える問題について正しく理解してもらえるように働きかける一般市民の教育（啓発）の機能なども含まれる、非常に広い範囲の機能が求められるもの。

では、私たちのケアマネジメント実践はどのモデルなのでしょうか。

ケアマネジャーの中には、「自分1人の力では、アセスメント→プランニング→実施→モニタリング／再アセスメントというニーズと社会資源の結び付けのところで手一杯だ」という方もいる一方、利用者の支援に地域の人たちに関わってもらい、彼らをサポートすることで利用者の生活が成り立つように支援している方もいるでしょう。あるいは、1人で資源開発はできなくても、個別ケースの中に地域課題が隠れていることを見抜き、地域包括支援センターと協力関係を結びながら、そうしたケースを地域ケア会議にかけて、地域課題を可視化し、その記録を蓄積していくことで地域課題の解決への動きに力を貸そうとしている方もいるでしょう。

ケアマネジメントの中核的な機能はアセスメント・プランニング・モニタリングというプロセスを通してニーズと社会資源の結び付けを果たす仲介機能です。先述したコーディネーションモデルや包括モデルが有するような多様な働きを、1人のケアマネジャーがすべて担うことはできません。しかし、ケアマネジャーは連携や調整の専門職です。自分が利用者に提供しているサービスは調整ですが、その調整によってさまざまな社会資源が持つ力を利用者が活用できるようにするのです。

このように考えると、1人の利用者の支援の中で、利用者のニーズを十分に満たすことができる社会資源がなかったり、利用者の権利を守るためには周囲のシステムに変化を起こすことが必要であったり、提供されるサービスの質を評価し、その質を高める必要があることを感じ取ったりしたとき、ケアマネジャーはそうした取り組みを一緒に行うことができる社会資源を探すという戦略が取れるはずです。そして、そうした社会資源（個人・組織・団体など）と現状について問題意識を共有するためにコミュニケーションを図ります。

これらの社会資源と一緒に取り組んでいくことによって、1人の利用者のため、あるいはその利用者と同じような課題を抱える潜在的な利用者のために、必要に応じて幅広い機能を果たすことができると考えられます。

【もっと知りたい人のために】

◎白澤政和『ケアマネジメントの本質――生活支援のあり方と実践方法』中央法規出版、2018

年

◎白澤政和編著『ケアマネジメント論――わかりやすい基礎理論と幅広い事例から学ぶ』ミネルヴァ書房、2019年

◎河野高志『ソーシャルワークとしてのケアマネジメントの概念と展開』みらい、2021年

◎岡田進一『ケアマネジメント原論――高齢者と家族に対する相談支援の原理と実践方法』ワールドプランニング、2011年

◎ルイーズ・C・ジョンソン、ステファン・J・ヤンカ著/山辺朗子、岩間伸之訳『ジェネラリスト・ソーシャルワーク』ミネルヴァ書房、2004年

第5章

ケアマネジャーのスーパービジョン

Narrative

苦情が絶えない家族に、ケアマネジャーは困り果てた

ここは、とある居宅介護支援事業所だ。管理者の吉田昭夫《よしだあきお》さんのデスクの横には、車のキー掛けがある。この事業所では、全員が車を使う。つまり、訪問の前後にスタッフが事業所に立ち寄るわけで、吉田さんは、「どこに行くの?」「気をつけていってらっしゃい」「お疲れさま」「どうだった?」などと声をかけるようにしている。もちろん、スタッフの表情や声の調子を見ることを忘れない。

そんなある日、気になるスタッフがいた。何かに追い詰められている様子が見て取れ、表情からは、いつもの明るさが消えていた。「行ってきます」の声にも張りがない。

職場内スーパービジョン

吉田さんは「最近、しんどそうだね」と声をかけた。

「ええ、少し」

そう答えたスタッフは、経験8年目のケアマネジャー、白石《しらいし》美穂《みほ》さんだ。

「一度相談しようと思っていたんですが」

「この間のカンファレンスで報告していたケースかな？」

「そうなんです。少し、疲れました」

白石さんは、「少し…」と言っているが、少しではないような気がする。

「ここは、スーパービジョンかな」と吉田さんは思った。

この事業所では、職場内スーパービジョンが行われている。スーパーバイザー（以下、バイザー）は管理者、スーパーバイジー（以下、バイジー）は3名のスタッフそれぞれだ。個人スーパービジョンは随時、グループスーパービジョンは定期的な開催だ。この物語では、個人スーパービジョンを取り上げる。

契約（確認）

スーパービジョン（以下、SV）は、バイジーとバイザーの契約からスタートする。それは、利用者と支援機関の契約でケアマネジメントサービス

「ここは、スーパービジョンかな」と吉田さんは思った

管理者の吉田さんはスタッフである白石さんの元気のない様子から、やや突っ込んだ声かけをしました。この結果、吉田さんは白石さんの少しどころではない大いに疲れた様子とその原因が「この間のカンファレンスで報告されたケース」であることを把握しました。

また、この場面でSVのタイミングを察知しましたが、このタイミングは誠に的を射ています。（250頁「SVが求められるタイミング」参照）

スーパービジョンは、バイジーとバイザーの契約からスタートする

バイザーとバイジー間で、テーマ（題材）、目的、期

がスタートする構図に似ている。ただ、職場内SVでは、「契約」という言葉は一般的ではないかもしれない。とりわけ、職場内SVが日常の風景になっている場合は、なおさらだろう。そのような場合には、「確認」という言い方が似合っているかもしれない。

SVのバイジーである白石さんの基礎資格は社会福祉士だ。SVについてのトレーニングを積んでいることもあり、今回は、簡単な確認を行うだけで、SVがスタートした。主な確認事項は、以下のとおりだ。

・テーマ（題材）…同居家族（の妻）からのクレームの多さに、困り果てている利用者Aさんの支援の方法を考える
・期間…妻からの苦情が軽減するなど、支援の方法に目途がつくまで。3カ月ごとに中間の区切りを設ける
・実施方法…随時。バイザー、バイジーどちらでもSV実施の提案をすることができる。このほか、週1回の業務報告の際にバイジーはバイザーに経過を報告する
・場所…原則として会議室を使うが、立ち話でも可
・人事考課との関係…なし

間、実施方法、お互いの立場・権利、バイジーからの提案の仕方、バイザーの職権発動の可能性、ゴール、終了後のフォロー、人事考課との関係などを確認します。このうち、人事考課との関係は、管理者などの上司がバイザーとなる職場内SVの場合は特に確認が必要です。一般的には、「職場内SVと人事考課とは無関係」という立場を明確にすることで、バイジーは、自身の失敗、内面、反省などを正直に開示することができるようになります。なお、必要に応じ、契約書などを交わすことがあります。

SVのバイジーである白石さんの基礎資格は社会福祉士だ

白石さんは、基礎資格が社会福祉士であることに加え、

暗い表情の理由

　SVの初回。バイザーの吉田さんは、まずはバイジーの白石さんの悩みに耳を傾け、「暗い表情の理由」を知るところから始めようと思った。表情には感情が伴う。利用者や家族に何が起こっているかという状況を知るためには、「感情」は邪魔になるのだが、高まっている感情を抑えるのは、簡単ではない。

　泣いている子どもに泣き止むように言っても、すぐに泣き止むことはない。悲しみに沈む人に「そんなに悲しまないで」と慰めたり、「元気を出して」と励ましたりしても、あまり意味がないことを私たちは知っている。感情の高まりがある場合には、一旦は、吐き出してもらうことが得策なのかもしれない。だから吉田さんは、**暗い表情の理由に焦点を当てるところからSVを始めたのだった。**

板挟み

　白石さんは、いわゆる「板挟み」に陥り、行き詰まっていた。板挟みは、相談やコーディネートをもっぱらとするケアマネジャーの立場にありがち

SVのトレーニングも積んでいるようです。しかし、ここで注意したいことは、「社会福祉士＝SVのトレーニングを積んでいる」と安易に考えてはいけないことです。（256頁「社会福祉士は誰でもSVのトレーニングを受けているのか」参照）

暗い表情の理由に焦点を当てるところからSVを始めたのだった
バイザーの吉田さんはバイジーの白石さんの感情を丁寧に扱おうとしています。SVでは、バイジーに感情をどう表現してもらうかが大事なポイントの一つになるのです。（261頁「バイジーの感情への手当て」参照）

とはいえ、何とも苦しい状態だ。

利用者の妻からの厳しすぎる苦情に辟易《へきえき》したサービス事業所から「何とかしてほしい」と言われる。一方で、利用者の妻からは、サービス事業所への不満を聞かされる。そのどちらにも、有効な解決策が見出せずに行き詰まっているのだ。

サービス事業所は、デイサービスとショートステイの二つ。どちらも苦情の洗礼を受けている。

「もっともな苦情だと思うかな?」

吉田さんが尋ねると、白石さんは、「いえ」と即答した。その短い2文字には、苦情の発信者である利用者の妻に対して抱く、白石さんの感情が込められているような印象を吉田さんは受けた。

「というと?」

「そこまで、おっしゃるか!　という感じです」

吉田さんは、具体的な例を尋ねた。

「ショートステイから帰ってきたとき、荷物の中に靴下が入っていなかったと苦情になったことがあります」

吉田さんは、具体的な例を尋ねた
バイザーである吉田さんは、感情に焦点を当てながらも、白石さんに客観的な事実を述べてもらおうとしています。これはSVのみならず、非常に有効な対人援助の方法と言えるでしょう。感情、特に悲しみや怒りといった負の心の反応には「手当て」を十分に施し、発生した事実にはより客観性を持たせて、対応の可能性を探ることが大切です。

「白石さんに苦情が入ったのかな?」

「いえ、ショートステイの担当者から電話をもらいました」

「その担当者は、どう言ったのかな?」

「『靴下を忘れただけで、ここまで言われてはかなわない』と」

「白石さんは、どう思う?」

「確かに、忘れたのは落ち度だけど、担当者さんの言うとおりかなと思います。担当者さんは、靴下を届けに行ったそうです」

「そんな苦情が多いわけだね」

「ええ、そうです。**最近の担当者さんの口調は、私に対しての不満も含まれている感じです**」

「どんな不満?」

「二つあると思っています。一つは、厄介なケースを紹介したことに対する不満です。もう一つは、一向に苦情が減らないことに対する不満です」

「改善する見込みはあるのかな?」

「かなり厳しいです」

「それは、しんどいね」


「最近の担当者さんの口調は、私に対しての不満も含まれている感じです」

白石さんは、サービス事業者の担当者の口調から「不満も含まれている感じ」を感じ取っています。「含まれている感じ」ですから、直接の言及を受けたわけではなく、具体的な改善要求もないことでしょう。しかし、表面化しない不満ほど厄介なものはありません。課題解決のハードルは低くないとはいえ、「言いたいことがあったら言ってよ」と思ってしまうものです。「何でも言い合える風通しの良い関係」は支援チームの連携においても大変重要です。

苦情は、デイサービスにも寄せられ、その担当者からも厳しい口調で連絡を受けるようになったという。「この状態が続くようなら、受けられない」とまで言われることもあるらしい。そして、白石さんが自宅を訪問するたびに、妻は苦情を並べる。

「もう、泣きそうです」

白石さんは、そう、今の感情を吐露したのだった。

吉田さんは、この事例を共有したいので、次回までに事例に関する情報を整理しておいてほしいと要望した。

情報の整理

ＳＶで事例を扱う場合は、バイザーとバイジーの間で、利用者情報の共有を行うことが出発点となる。白石さんは、吉田さんの要望を受けて、次の要領で事例を整理した。その過程で、白石さんは次第に落ち着きを取り戻していった。

・事例に関して相談したい内容

・事例概要（プロフィール、生活歴などを含む）

・支援の経緯
・ケアマネジャーとして支援しようとしていること
・支援における問題点　など

白石さんが整理した事例概要も紹介しておこう。

・利用者（Aさん、82歳男性）
・要介護3
・5年前と3年前に脳梗塞を発症、2度目の発症で左片麻痺。心不全、6年前に心筋梗塞の既往
・認知症はない。構音障害はあるが、時間をかければコミュニケーションは可能
・妻は75歳、子どもはいない
・長距離トラックの運転手だった。50代で事故を起こして運転手を廃業（後遺症はなし）。その後、夫婦住み込みでマンションの管理人をしていたものの、70歳を前にしてマンション管理会社が倒産、以降無職
・年金は、夫婦合わせて10万円程度、貯蓄はあまりない模様
・2Kの公営住宅住まい

・デイサービス週5回、ショートステイ1週間／月、ベッドと車椅子を福祉用具貸与

白石さんは、3年前の脳梗塞発症後の退院支援から関わっている。

バイザーの提案

情報の整理が終わった時点で、吉田さんが判断したことがある。白石さんがプランニングしている援助内容について、利用者の不利益は見当たらず、**早期介入の必要性は低いということだ。**

ただ、Aさん夫妻に関わっている時間は、ほかの利用者に比べてかなり多く、労務管理面での管理的機能は考慮していく必要があると管理者である吉田さんは考えた。

当面は、教育的機能や支持的機能に注力していこうと思った吉田さんは、白石さんに提案した。

「利用者の妻、二つの事業所、そしてケアマネジャー間の情報のやりとりを時系列で整理していきませんか？」

「苦情を振り返るのですね」

早期介入の必要性は低いということだ
SVには、管理的機能、教育的機能、支持的機能の3機能があるとされます。このうち、援助内容に踏み込み、場合によっては援助内容の是正を求めるといった面での管理的機能は、今のところ優先度は低そうだと吉田さんは判断したようです。

白石さんには、若干の躊躇が見られた。それほどまでに、苦情に苦しめられているのだろうと吉田さんは思った。

「感情を一度脇に置いて、苦情を情報として見つめ直していく作業です。私も精一杯手伝うから、バイザーとバイジーの協働作業として、スーパービジョンを進めていきましょう」

吉田さんは、**通常の管理者とスタッフという関係ではなく、できる限り対等な立場でSVを進めたい旨を強調した。**白石さんは、自分自身と向き合うことになる緊張感を込め、「はい。お願いします」と答えた。

見つめ直しの協働作業

苦情発生の時期、その理由、苦情の持ち込み先、応じ方、対応に関するリアクションなどを時系列に見つめ直すために、白石さんは、デイサービスやショートステイの担当者へのヒヤリングも行った。「苦情を何とかしたい」のは、共通の思いだ。担当者たちは、快くヒヤリングに応じた。数回のSVで、時系列の見つめ直しが進むにつれ、白石さんは、気付くことがあった。

通常の管理者とスタッフという関係ではなく、できる限り対等な立場でSVを進めたい旨を強調した

バイザーである吉田さんは、バイジーの白石さんに、「できる限り対等な立場でSVを進めたい」旨を強調しています。これはSVにおいて、重要な点であると同時に難しい点でもあります。（266頁「バイザーとバイジーの対等な立場」参照）

気付き①

まずは、苦情には必ずその理由があるということだ。ただ、おしなべて「大げさ」であり、次第に担当者や白石さんは疲弊していった。できるだけ時系列で聞き取っていくうちに、白石さんは、気付いた。苦情の激しさ、つまり、大げさなありようは、変化していないのだ。それにも関わらず、次第に苦情を受けた側の反応が大きくなっている。例えば、最初の頃は、デイサービスもショートステイも、苦情はそれぞれの事業所内で処理していた。ところが、苦情が何度も重なるにつれ、事業所内で収めきれなくなり、担当ケアマネジャーの白石さんへのご注進に及んだのだ。白石さんも、妻から直接もらう苦情に加え、担当者たちから苦情への対応を迫られるようになり、暗澹《あんたん》たる状況となっていった。

気付き②

次の気付きは、通常なら苦情にならないことが、苦情になることがある点だった。例えば、排泄ケアにおいて、デイサービスでリハビリパンツをはいてもらったのが苦情になったことがあった。デイサービスでは、自立支援の観点からリハビリパンツの使用を推奨していて、Aさんにも試しにはいてもらおうとしたのだ。ところが、それが妻の苦情になった。ほかの利用者なら感謝されこそすれ、苦情になることはないだろう。ところが、Aさんの妻は「勝手に、違うおむつにしないでほしい」と興奮気味に苦情を入れた。最初は苦情の理由がわからなかった。白石さんは、妻の興奮が収まった頃に訪問して聞いてみた。すると、通常の紙おむつと比べ、リハビリパンツが高価であることが、苦情の理由だった。Aさん夫妻は、年金の世帯合計が10万円程度であり、家賃等もそこから支出しているため、生活保護世帯を下回るほどに家計は苦しい。だから、**高価なリハビリパンツは願い下げなのだ。**

気付き③

3番目の気付きは、デイサービスとショートステイで、受ける苦情の内容が違うということだ。もちろん、持ち物を渡し忘れたなどの場合には、同じ苦情となるが、例えば、入浴介助に関しての苦情は、ショートステイだけだし、排泄に関するものはデイサービスだけだ。苦情の内容が顕著に異なるのはケアの内容についてだ。よく調べていくと、利用者・家族と、サービス提供者との間で、なぜ、こういうケアにするのかという合意がで

高価なリハビリパンツは願い下げなのだ

「通常の紙おむつ」と「リハビリパンツ」の差異は値段だけではありません。紙おむつは、利用者の排泄の自立を前提としない仕様で、介護者による介護のしやすさを求めた商品です。一方、リハビリパンツは、排泄の自立や利用者の心地良さ、あるいは羞恥心に配慮する目的で生み出されたものと言えます。利用者の排泄への支援のあり方を考えたとき、どちらを優先させるかは明らかです。紙おむつではなくリハビリパンツを多用する事業所は、質の高いサービスを提供していると考えて間違いありません。

きていないことが原因だった。「よくある」と言っては語弊があるが、利用者や家族の理解力や、ケアマネジャーのスキル不足などで、合意が不完全な場合もある。しかし、このケースのように苦情の嵐となるわけではない。程度の問題なのだ。「口うるさくて、他者に厳しい性格なのだ」、白石さんが、そのように納得しようとしたとき、吉田さんは次のように言った。

「苦情を言うときの奥さんの心の中って、どんな感じなんだろうね」

発信側の気持ち

吉田さんは、なぜ、そんなことを言ったのか？　白石さんは、すぐには理解できなかった。吉田さんは続けた。

「苦情って、どんなときに口にするかな？」

「相手が迷惑なことをしたときです」

「そうだね。では、苦情を述べるとき、その人の心の中はどうだろう？」

「不平や不満を感じています。それが言葉になって表れるのが苦情です」

「そう、そのとおり。ということは、苦情を何度も口にする奥さんの心の中は？」

「いつも、不平や不満がたまっているのでしょうね」

「それって、楽なことだろうか？」

「いえ、楽じゃありません」

「白石さんは、その不平不満に対応しようと、小まめに訪問するなどして、頑張ってきたわけだ」

「はい、もしかしたら、利用者のＡさんに目が向いてなかったのかなあ、奥さまに振り回されっぱなしで。これからは、ご本人ともしっかりとコミュニケーションを取っていこうと思います」

「それは、とてもいいことだね。ただ、奥さんへの対応が、この事例の鍵となることも忘れてはいけないよ」

白石さんには、妻の対応からは、逃げ出したいという気持ちが働いているようだ。吉田さんは、次のように提案した。

「せっかく、ここまで頑張ったんだから、もう少し奥さんの気持ちを見つめてみませんか？」

「不平不満をいつも抱えている奥さんの気持ちですか」

「苦情を言わざるを得ない気持ちって、楽じゃないよね」

「生きづらいでしょうね」

「そう、とても大切なことに気付いたね」

白石さんに視点の転換が起ころうとしていた。それは、「口うるさい妻」から、「生きづらさを抱える妻」への転換である。

バイジーとバイザーは、次なるステップとして、「生きづらさ」を少し見つめてみることにした。

「生きづらさ」への注目

ＳＶは苦情の裏にある妻の**「生きづらさ」に焦点を当てることになった**。バイザーとバイジーの協働作業の中で、次のことが議論されたり、推測されたりした。

・苦情は、今回の「介護」の場面だけではないようだ。妻は、日々の生活で関わる人の多くに不平不満を抱いている

・一般常識を超えた「過度の期待」から苦情となることも散見される

・本人（夫）に対する不平不満も強い。これは苦情ではなく、「愚痴」の形で語られる

「生きづらさ」に焦点を当てることになった

物語の登場人物のように、苦情や愚痴を乱発する利用者や家族は少なくありません。吉田さんと白石さんは、そんな人たちを「生きづらさを抱える人」と捉え、内容を整理することを試みています。利用者や家族が抱える「生きづらさ」を知るためには、多面的で深いアセスメントが求められます。

・本人や他者に対する愚痴は、自分の思いどおりにならない場合に発信される。相手をコントロールしようとする意思が強いのではないか
・相手をコントロールしようとするが、思いどおりにならず、ますます不満を募らせるという悪循環に陥っているのではないか
・介護サービスに限って言えば、本人や妻を交えて援助の方針や具体的なサービス内容を決めたのだが、理解や納得が不十分であるため、提供されるサービスを受け入れ難いのではないか

ケアマネジャーにできること

さまざまな「生きづらさ」の理由が話し合われた中には、妻の生き方や夫妻間の関係に及ぶものもあり、すぐに介入は難しい。そこで、「ケアマネジャーとしてすぐにできること」に絞って策を練ることになった。そして、二つの当面の行動計画が編み出された。

当面の行動計画①

妻の理解や納得不足を解消するために、ケアプランをよりわかりやすく、

具体的に書き直す。そのために、目標やサービス内容について、本人や妻と、もう一度話し合い、理解や納得度を確認の上、ケアプランを書き直し、再度本人と妻に、理解や納得度を確認しながら、説明をする。

当面の行動計画②

サービス事業所間でのケアの方法を統一するため、さらには、どんなときにどんな苦情が出るのかを知るために、ケアマネジャー、デイサービス、ショートステイで苦情の共有を図る。共有の方法は、ケアマネジャーを介さずに、デイサービスとショートステイ間でも行う。ケアマネジャーへの報告は、サービス提供票のやりとりの際にまとめて行う。ケアマネジャーも、毎月の訪問の際に聞き取った苦情内容をその際に報告する。ただし、緊急性があると判断される場合は、随時情報共有を図る。

この二つの行動計画は、直ちに実行に移された。

もう一つの大きな問題

見つめ直し作業や当面の行動計画を練り上げる中で、手当てを必要とするもう一つの問題が浮上した。それは、「妻の介護力」だ。ケアマネジャーの白石さんがふと漏らした次の言葉で、そのいびつ性が際立ったのだった。

「苦情を言うわりには、ちゃんと介護をしてないんですよね」

吉田さんは、この言葉を聞き逃さなかった。

2度目の脳梗塞を発症した時点で、後遺症が残った。白石さんは、その退院時から担当となった。後遺症を抱えての自宅での生活の当初から、サービスを手当てしていたため、家族の介護力がクローズアップされることはなかった。週に5回のデイサービスと月に1週間のショートステイで、本人の健康状態はある程度維持できる。食事、入浴、排泄の三大ケアが提供され、リハビリも随時行われるからだ。だから、妻の介護力は、大きな問題とはなっていなかった。

さらに言えば、ケアに関する苦情は、ケアの実践者としての家族介護者との方法の食い違いから生まれることが多い。それなのに、Aさんの妻の場合は、「自分のケアは棚に上げて」の感がある。

具体的には、食事は惣菜で済ます、おむつ交換は自宅ではほとんど行わない、着替えのほとんどはデイサービスやショートステイで行わせている、入浴のほか、体を拭くことなども家庭ではしないなどだ。

白石さんは、このようにピックアップしながら、「本当に、何もしないに等しいんです」と顔を曇らせた。それを受け、バイザーとして、吉田さんは、**「極端な言い方をすれば、ネグレクトとも受け取れるんだけど」**とコメントした。

「ネグレクトといえば、虐待の一つですよね。さすがに、そこまでは…」と言いかけた白石さんだったが、「でも、もしかしたら、そうかもしれません」とネグレクトの疑いへの否定を取り下げた。

協働

「今の状態が、ネグレクトかどうかはわからないけど、その恐れはあるのだと思うよ。ここは、地域包括支援センター（以下、地域包括）を巻き込んでおいたほうがいいだろうね」

吉田さんは白石さんにそう提案し、白石さんは了承した。ネグレクトの恐れだけではなく、過度の苦情に関しても、地域包括との協働は必須かもしれないと吉田さんは考えた。当面の行動計画を実行しながら、地域包括

「極端な言い方をすれば、ネグレクトとも受け取れるんだけど」
白石さんの言う「本当に何もしないに等しい」が事実なら、ネグレクトに該当している可能性が高いと言えます。そしてそれに気が付いたなら、ケアマネジャーには市町村への通報義務が課せられることになります（高齢者虐待防止法第7条）。通報義務は虐待を受けている高齢者を保護することはもちろん、虐待をしている家族を支援することにもつながり、大変重要です。

との協働を行うにあたって、地域包括に出す情報の整理を、白石さんは吉田さんの協力のもとに行った。

その数日後に、吉田さんは地域包括に相談に出向き、またその数日後には、地域包括との同行訪問が実現した。

新たな問題とカンファレンス

当面の行動計画が軌道に乗り、苦情は徐々に減ってきた。さらには、地域包括との協働も始まり、白石さんからも苦悩の表情がなくなってきた矢先、デイサービスからケアマネジャーに「Aさんの体重が減っている」との連絡が入った。季節は初夏。蒸し暑く、梅雨空模様のじめじめした天気が続いていた。

白石さんは、受診を提案。受診の結果、脳梗塞や心不全に異常はないが、栄養面に問題があり、夏に向けて脱水の危惧もあるという診断だった。

白石さんは、すぐに吉田さんに報告。吉田さんは、地域包括を含めて緊急カンファレンスの開催を提案した。

同カンファレンスは、家族にネグレクトの疑いがあることから、本人・

家族の同席なしの、専門職だけの会議となった。地域包括、ショートステイ、デイサービスの各担当者とケアマネジャーが参加した。主治医の参加はかなわなかったが、主治医からは「夏を無事に越すための手だてを検討してほしい」というメッセージが託された。そして、カンファレンスの結果、次の3点が決まり、すぐに実行に移された。

①サービス機関は、体重やバイタルなどの身体状況に関するモニタリングを念入りに行う

②関係者がメールで情報共有できるシステムをつくり、モニタリング情報や苦情の情報を共有する

③ケアマネジャーは地域包括と協働して訪問を行い、施設入所を含めた今後の生活プランをAさんとAさんの妻と根気よく協議していく

スーパービジョンの終了

サービス事業所のモニタリング情報は、Aさんの体重減少が依然止まらないことを告げていた。ケアマネジャーの白石さんは、地域包括の担当者と協議し、**Aさんの施設入所を強く勧めることになった。**本人は、施設入

Aさんの施設入所を強く勧めることになった

利用者や家族に施設入所を勧めることに悩むケアマネジャーは少なくないのではないでしょうか。しかし、施設は決して良くない場所ではありませんし、適切に利用することで居宅ではかなわないさまざまな効果があります。そのため、まずは目の前の現実の利用者と家族の姿を冷静に捉え、施設入所が必要であると判断したならば、利用者や家族に対し、具体的かつ、わかりやすく説明しましょう。ケアマネジャーの腕が試される場面です。

所に抵抗がないことがわかった。一方、妻は施設入所に難色を示した。

白石さんは、妻の理解を得るための方法を吉田さんに相談。吉田さんはSVを通じて、白石さんが考えている説明の方法を聞き出し、そのいくつかを支持し、白石さんは自信を得て、妻への説明に再度臨んだ。

その結果、3回の訪問（この頃は、数日間隔の訪問）を経て、妻は施設入所を了承。老人保健施設への入所が実現した。

入所後、本人の栄養状態は直ちに改善し、体重は回復。脱水の危機も回避できた。そのことを妻に知らせると、「食事づくりなどで実は悩んでいた」との打ち明け話を聞くことができた。ただし、**長年連れ添った伴侶の施設入所という現実**と折り合いがつくのは、時間がかかると思われる。

SVで白石さんが吉田さんにそのことを報告すると、吉田さんは、真っ先に「よく頑張ったね」とねぎらいの言葉をかけた。そして、この事例の振り返りの後に、SVは終了した。

長年連れ添った伴侶の施設入所という現実

最近は少なくなりましたが、施設を「姥捨て山」と表現する人がいます。この背景には施設を蔑視し、家族を施設入所させることがいかにも罪深いことかのように捉えている日本人の感情があるものと思います。「介護の社会化」を目指して創設された介護保険制度ですが、その目標のために踏まなければならないプロセスはまだたくさんあるようです。

Lecture
ケアマネジャーのスーパービジョン

読者のみなさんは、スーパービジョン（以下、ＳＶ）という言葉はご存じでも、スーパーバイジー（以下、バイジー）としてＳＶを受けた、またはスーパーバイザー（以下、バイザー）として、ＳＶをした経験のある方は少ないのではないでしょうか。実は、このことはさまざまな統計でも明らかとなっており、欧米と比較して日本の福祉現場では、ＳＶの体制整備は十分とは言えません。ＳＶが福祉現場職員の成長を促し、職場の機能を安定・向上させ、利用者支援に多大な貢献をすることは広く知られているのですが、日本では普及が遅れています。

物語では、管理者の吉田さんが事業所のケアマネジャーの白石さんに対してＳＶを行っている様子が描かれていますが、その様子から、一般的な上司からの指導とは別物であることがわかります。

この章では、吉田さんと白石さんが実践したＳＶの専門性とその重要性について確認しながら、その理論と実践について学んでいきましょう。

1　ケアマネジャーとスーパービジョン

ケアマネジャーの関係からSVを考えると、主任介護支援専門員（以下、主任ケアマネ）の存在が大きな前提となります。主任ケアマネは、２００６年の介護保険法改正で生まれた資格で、次のように定義されています。

> ●介護保険法施行規則　第140条の68
> 他の保健医療サービス又は福祉サービスを提供する者との連絡調整、他の介護支援専門員に対する助言、指導その他の介護支援サービスを適切かつ円滑に提供するために必要な業務に関する知識及び技術を修得することを目的として行われる研修を修了した者（傍線、筆者）

ここからわかるとおり、主任ケアマネには、ケアマネジャーへの「助言・指導」が期待されています。また、２０１８年度介護報酬改定においては、「居宅介護支援事業所における人材育成の取組を推進するため」として、居宅介護支援事業所の管理者を主任ケアマネとする、要件の見直しが図られています。さらに、主任介護支援専門員研修のカリキュラムにおいて、「対人援助者監督指導」という科目が設定され、「対人援助者監督指導（スーパービジョン）の機能（管理・教育・支持）を理解し、実践できる知識・技術を修得するとともに、スーパーバイザーとして主任介護支援専門員に求められる姿勢を理解する」と、明確にSVを実践することが求められています。つまり、「主任ケアマネとはケアマネジャーのスーパーバイザーである」と言えるのです。

2　今、なぜSVが求められるのか

では、なぜ今SVが求められているのでしょうか。この理由を知るためには、現代の日本の福祉政策を振り返る必要があります。

戦後、主に福祉六法と社会福祉事業法で構築されてきた日本の社会福祉の形は、1997年から始まる「社会福祉基礎構造改革」で抜本的な見直しが図られました。この改革が断行されたことにより、国民の福祉の向上が図られました。介護保険制度において高齢者は、恩恵ではなく権利としてのサービスを獲得することができ、不安定かつ低水準であった障害者福祉サービスも一定の充実が実現しました。また民法改正による成年後見制度も時代に合わせアップデートされ、今やなくてはならないものとなっています。社会福祉基礎構造改革はその狙いどおりに推移しました（表1）。

一方、このような制度変更が生んだ負の側面も見逃すことはできません。例えば、サービス費用に関する応益負担は、経済的にゆとりのない人を苦しめますし、利用者による自由選択はその選択により生じる望まない結果も、利用者にもたらされます。

利用者だけでなく、サービス事業者にも負担が生じました。措置によるサービスの提供であれば、行政への一定の義務の履行で十分であったところ、利用者との契約でサービスを提供しているのであれば、利用者へのアカウンタビリティ（説明責任）が発生することになります。「これだけきちんとしています」と説明ができなければ、利用者と締結している契約が維持できなくなるというわけです。また制度の複雑なつくり込みにより、例えば、人員の配置基準や報酬の算定方法を巡って混乱に陥ることが頻発し、基準違反や算定不適切等の指摘にて処分を受けることもあります（コンプライアンス重視）。さらに大幅な規制緩和により、多様な供給主体が市場に参入したことで供給過多となって、利用者獲得のための熾烈《しれつ》な競争を強いられています。しかし、他方では、慢性的な職員不足に悩まされており、事業者の経営を圧迫しています。

	目的	対象者	費用負担	サービスの態様	サービスの方法	サービスの場
社会福祉基礎構造改革前	貧困、困窮等の救済	一部の国民	応能負担（資力に応じた負担）	硬直かつ集団的、縦割り、国家主導、独占的な供給主体	行政による処分（措置）	施設、病院等
社会福祉基礎構造改革後	福祉サービスの普遍的利用	全国民	応益負担（サービスの量・質に応じた負担）	柔軟かつ個別的、種別横断、地方分権、供給主体の多様化（規制緩和）、市場原理	利用者による自由選択（契約）	地域、在宅

表１　社会福祉基礎構造改革に寄る変化
筆者作成

これらの負担増により、現代における福祉現場は、さまざまな意味で洗練され、効率化していくことが強く求められています。当然これが現場職員への負担となり、職場での意欲・生産性の低下や離職につながっていくのです。

「職員を育て、守り、長く維持していきたい」

今SVが強く希求されるのは、その背景に現代の福祉現場の事情があるためです。

SVが求められるタイミング

物語でも触れられているとおり、SVには、定期開催と随時開催があります。求められているときに行うのは随時開催となり、開催の必要性は高くなります。大きく疲れた様子の白石さんのように、放置しても自然に改善することは望めず、最悪の場合「バーンアウト（燃え尽き症候群）」を伴って、離職や健康被害につながる可能性がある場合は、開催の必要性が高いと言えるでしょう。

物語では、バイジーを苦情により悩ませるケースの対応のために、SVの開催が試みられていますが、例えば、利用者が急変した、利用者からの希望に十分対応できる社会資源がない、利用者の家族の様子に大きな変化（死亡、入院、失業、拘禁など）があった、大規模な災害が発生したなどの場合も、随時のＳＶが必要なタイミングと言えるでしょう。

バイザーは常にバイジーの様子に目を凝らしながら、随時開催の必要性を見極めていく必要があります。一方バイジーは、困ったことがあればいつでもバイザーにＳＶの開催の希望を伝えることができることを認識することが大切です。もちろん、それを可能とする職場環境が理想的です。このような職場のあり方は、質の高いケアマネジメントの条件と言え、間接的に利用者への支援の向上につながるのです。

3　スーパービジョン―その理論と実践―

ＳＶは機能の面から、①教育的機能（education）、②支持的機能（support）、③管理的機能（administration）に区分されています。内容を順に見ていきましょう。

①教育的機能（education）

熟練したソーシャルワーカーがバイザーとなり、成長過程にあるソーシャルワーカーをバイジーとして、ソーシャルワークの知識、技術、倫理、価値などを教える機能です。

社会福祉士や精神保健福祉士といったソーシャルワーク有資格者は、大学などの養成課程においいて専門知識や技術を十分に学んでいますが、その学習内容のみをもって現場で援助することは、困難です。ソーシャルワークは人間の生活そのものを扱うため、ソーシャルワーカー側の「人生経験」の積み重ねと、「世間のあり方」に関する認識がどうしても必要になり、その部分を補うためにもさまざまな意味で未熟であるソーシャルワーカーへの教育は非常に有用です。

筆者も20代の頃は利用者や家族から相談を持ちかけられても、それが何を意味するのか、どう考えたらよいのか、まったく理解していませんでした。当時、精神薄弱児施設（現在の知的障害児施設）に勤務していた筆者が、自閉傾向の強い入所児童の家族から、「何とか向精神薬を減らすことはできないか」と相談があったときなど、「薬を飲んで落ち着いているのだから何の問題があるというのだろう。心配のしすぎだ」などと考えていました。しかし、ソーシャルワーカーとして、あるいは社会生活の経験を積んで三児の父となった今では、はっきりとわかります。自分の子どもの健康を無限の愛をもって祈念し、「飲まなくてもよい薬があるのならそうしてほしい、少しでも元気に過ごしてほしい」との、やむにやまれぬ思いの発露であったに違いありません。

ソーシャルワークにおけるＳＶでは、人対人の上下関係を印象づける「指導」という言葉は使われません。利用者とソーシャルワーカーが人間的に対等であるとされているのと同様に、バイザーとバイジーもまた対等であるとする考え方に重きが置かれているからです。その意味で教育（education）と指導（guidance）は明確に区分されています。

②支持的機能（support）

ソーシャルワークなどの対人援助職は、「感情労働」の側面があります。人が人を助けようとするわけですから、当然のように、お互いの感情の機微に触れることになります。それがこの職業の魅力であり、リスクでもあるのです。

最近でも、患者やその家族からの放火や銃撃で犠牲となった医師のことが大きく報道されました。筆者もハサミを突きつけられたり、金銭の要求をほのめかされたりした経験があります。「夜道に気をつけろ」と言われ、大変強い恐怖を感じたこともありました。厚生労働省も介護現場で利用者や家族から、私たちへのハラスメントが実際に多発していることを認めており、一定の対策が講じられています。このような環境下にいる私たちに、「頼れる誰か」は絶対に必要な存在です。

ソーシャルワーカーなどの福祉現場職員は、ときにバーンアウト（燃え尽き症候群）になりやすいといわれています。バーンアウトとは対人関係における適応障害のことで、利用者のためによかれと考え一生懸命に尽くし、利用者の状態が改善されることを願いながらも結果はついてこず、逆に利用者が悪化したり、利用者にネガティブな反応をされたりして、強い抑うつ状態に陥ることです。バーンアウトは誠実に利用者に対応しようとする人ほど陥りやすく、その人の心身の健康を害すると同時に、現場の損失にもなるため、バーンアウトは避けなければなりません。

このバーンアウトの予防のために効果的であるのが、ＳＶにおける支持的機能であるとされています。「こんなに頑張っている私」であるバイジーをしっかりと認め、「よく頑張っているよね」「偉いよね」「私（バイザー）も同じようなつらい経験をしたよ」「今は大変だけれど次を目指そう」などと、癒したり励ましたりしながらサポーティブに側面から関与し、バイジーの成長を促します。ソーシャルワーカーが長く、安定して福祉現場で働き続けていくために、支持的機能は非常に重要で有用です。

③管理的機能（administration）

現代における福祉現場は、課題が山積し、これによって業務がひっ迫しています。中でも現場職員の不足は最も深刻な問題であり、職員を獲得し、育て、守り、長く維持することが、福祉現場の最優先課題の一つとなっています。そして今後もこの状態は、残念ですが持続するものと予測されます。このような状況下において、現場職員を適切に管理することのあり方と、その方法があらためて大きく問われるようになってきています。「数と質」の両方を満たす必要があるのです。

また政府による「働き方改革」推進では、適正な労務管理を事業主に要求するだけでなく、同時に職場におけるハラスメント対策も重要な政策課題となっています。今や福祉現場のみならず、ありとあらゆる職場で、「新しい時代の新しい従業者の管理法」が模索されているのです。

SVでいうところの管理は、統制よりも調整・運営に近いものとすることができるでしょう。「上から目線」で硬直的・一方向的にならず、緩やかで柔軟かつ双方向のコミュニケーションを前提としたものが求められます。例えば、次のようなものがあげられるでしょう。

・バイジーの目標を明らかにして、その達成のためには何が必要かを一緒に考える
・計画的に仕事を遂行していくために、その検討作業に伴走する
・職場におけるバイジーの権限と義務を明確に説明し、期待の大きさを共有する
・適正にバイジーの仕事を評価し、将来につなげる
・バイジーに悩みがあるのなら、ともに考え、解決に向けた素地をつくる
・バイジーの権利が侵害されている事実があれば、アドボケート（擁護、代弁）する
・労務の管理に問題がある場合は、解消に向け課題を整理する

バイジーが現場で働きやすく、その力を組織のために大いに発揮することができる環境づくりのために、バイザーに求められるものは、非常に大きいのです。また事業主や組織管理者の立場から言えば、このような機能を果たすことのできるバイザーの存在はこの上なく大きなものであり、事業の成否を分けるといっても過言ではありません。課題山積の福祉現場では、ＳＶにおいて特に管理的機能を担える人材の確保は、最重要ポイントとされるかもしれません。

教育的機能、支持的機能、管理的機能はそれぞれ個別に働くものではなく、混然一体としてバイザーからバイジーにもたらされます。ただ、少なくともバイザーは、ＳＶの実施過程において、現

に展開されている内容がどの種別に属する機能であるかを明確にし、意識と根拠を持ってＳＶにあたらなければなりません。ＳＶはあくまでもバイザーによるバイジーへの支援であって、ソーシャルワークの実践そのものです。そして良質なソーシャルワークの実践は、プロセス重視です。バイザーは、バイジーのアセスメントを深く多面的に行い、ニーズを見立てて、それを満たす関与が求められます。そして温かで人間的な関係の構築が必要であることも、ソーシャルワーク実践と通底しています。ＳＶとは、紛れもなくソーシャルワークの一形態であって、バイザーの力量とバイジーの熱意が問われる、高度な支援方法です。

社会福祉士は誰でもＳＶのトレーニングを受けているのか

日本におけるソーシャルワーカーの国家資格には、社会福祉士と精神保健福祉士がありますが、いずれもその養成課程において、「ソーシャルワークの基盤と専門職」「ソーシャルワークの理論と方法」「ソーシャルワーク演習」などの科目があり、ＳＶに関しても一定の教育がなされています。またこれらは、演習を除いて国家試験科目でもあり、出題数も少なくはなく、両資格保持者はＳＶに関して「よく知っている」状態と言えると思います。しかし、「トレーニングを受けた」かどうかとは別問題です。トレーニングとは、訓練や練習のことであり、知識のみならず、実践に向けてSVが「しっかりできる」状態がトレーニングを受けた後の姿であって、やはりここには専門的なプロセスを経た実績が必要です。物語で白石さんは、「トレーニングを積んでいる」とあるとおり、社会福祉士の養成課程を経て国家試験に合格し、それに加えてソーシャルワーカーとしてのSVに関する専門的なトレーニングを受けてきた人材でもあることがわかります。

読者の中には「バイジーであることにトレーニングが必要なのか、ましてや社会福祉士の有資格者にそれがなぜ必要なのか」と疑問を感じる方がいるかもしれません。確かにSVはバイザーがバイジーを支援するものであり、バイザーのリードでそのプロセスは進行しますが、バイザー側にも一定のSVに関する知識が必要であり、SVを受けるための専門的なトレーニングを積むことが大切です。なぜならSVはこれまで見てきたように非常に高い専門性と入念な準備、適切なプロセス展開が必要となり、バイザーはもちろん、バイジーにもSVの理解が求められるからです。

一方、「もっと気軽にSVをしたい」との声が上がるのも当然のことだと思います。日本の福祉現場ではSVは広く一般的ではなく、その普及が期待されるところですので、「専門性やトレーニングなどと言わず、無理のない状態で少しずつSVに取り組んでいけばよいのではないか」という考えも理解はできます。しかし、SVはバイジーの成長を促し、その成長が利用者への支援に直接結び付くものであって、結果として、利用者への質の高い支援が可能となる事業所づくりに大きく貢献します。ＳＶの専門性を大切にしないＳＶでは、バイジーの成長は期待できず、利用者支援にも結び付きません。事業所や個々の介護支援専門員にとって大きな負担となるかもしれませんが、専門性の高いＳＶが各所で展開されることを願っています。

4　ＳＶにおけるパラレルプロセス

ＳＶでは、「ソーシャルワーカー（スーパーバイジー）とクライエントの関係と、スーパーバイザーとスーパーバイジーの関係との間によく似た状況が起こりやすい」ことが指摘されています（一般社団法人日本ソーシャルワーク教育学校連盟編　２０２１年：346）。これはつまり、利用者とバイジーの間で交わされる関係性は、バイジーとバイザーのそれとパラレル（並行）なプロセス（過程）をたどる、といった意味です。これは、ＳＶが展開されると発生する現象の一つであり、パラレルプロセス（並行過程）と呼ばれるものです（図４）。

具体例で考えてみましょう。

事例①　好循環のパラレルプロセス

認知症Aさんの支援がうまくいかないBさん（バイジー）がCさん（バイザー）にAさんのことについて、相談している場面。

Bさん：「Aさんはいつも怒っていて、私が話しかけても無視します。そうすると余計に怖くなって、Aさんにあいさつすらできなくなるんです」

Cさん：「Aさんのことを怖いと思うことは仕方ありませんが、怒っていない日もあるのではないでしょうか。今日は少し機嫌が良いかも、といった日を狙って、笑顔で優しく声をかけてみるのはいかがですか（笑顔で優しく言う）」

Bさんはそんな Cさんの笑顔と優しさに包まれて、「今度、Aさんの機嫌が良い日に頑

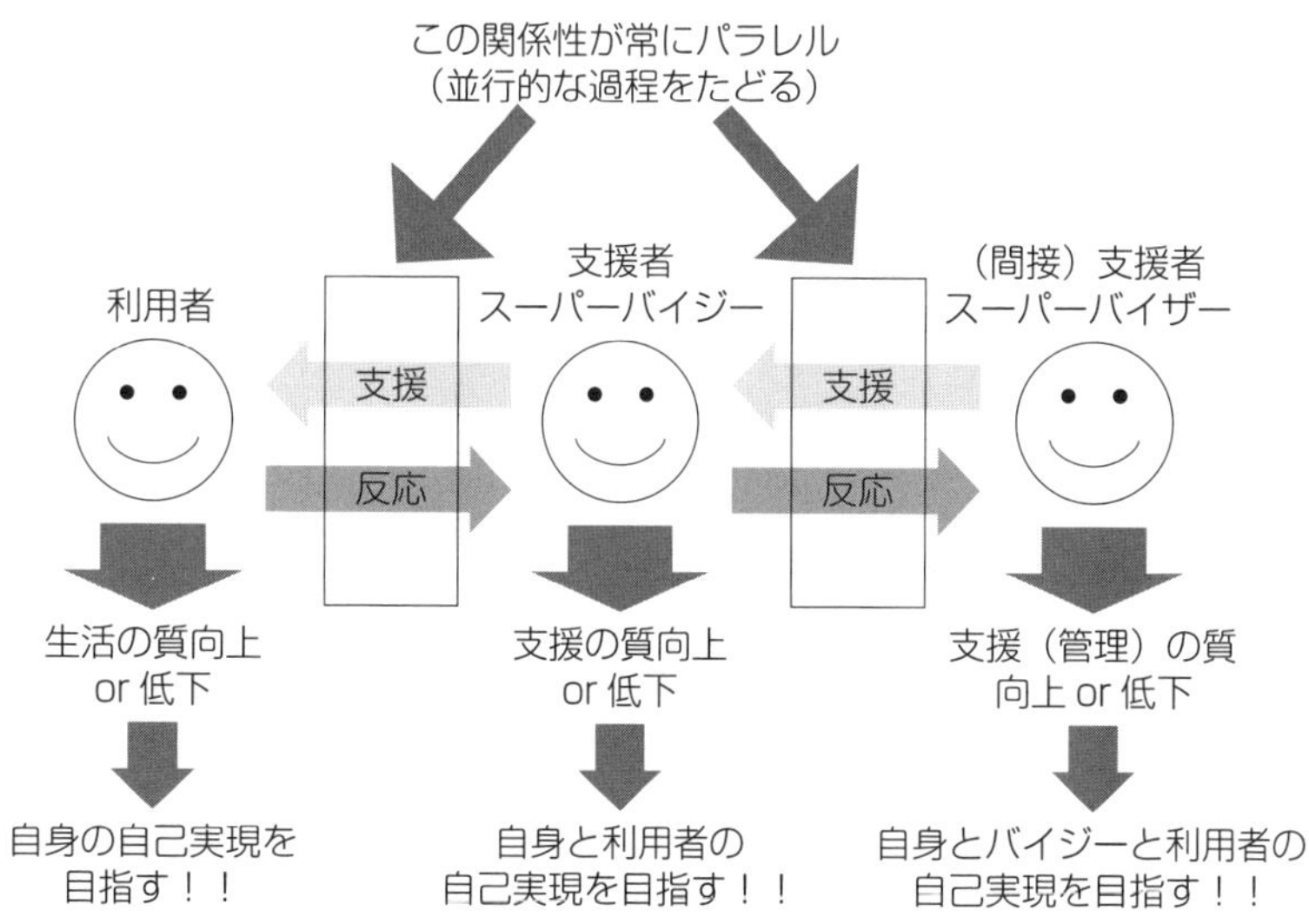

図4　スーパービジョンにおけるパラレルプロセス
筆者作成

張ってみよう」と、気持ちを新たにしました。そしてちょうど翌日、そのような機会が巡ってきたため、Bさんは恐る恐るも、Cさんの助言のように努めて笑顔で優しくAさんにあいさつしたところ、Aさんは怒ることなく、Bさんに少しほほ笑んで「おはよう」と返答をしてくれました。

事例②　悪循環のパラレルプロセス

気分の落ち込みが激しいDさんの支援に迷いを感じているEさん（バイザー）がFさん（バイザー）にDさんのことを相談している場面。

Eさん：「Dさんはいつもふさぎ込んでいるので関わり方がわかりません。どうしたらよいでしょうか」

Fさん：「少し気持ちを刺激するような声かけもいいですね。『こんにちは！』と元気良く言ってみてください！（強い調子で言う）」

Eさんは Fさんの強い調子に戸惑いながらも、せっかくの助言を大切にしようと、Dさんに「こんにちは！」と元気良くあいさつをした。ところがDさんは、不意を突かれたように驚きと恐れの表情を見せ、その後はいつもより落ち込みが激しくなった。

両事例は少し極端かもしれませんが、わかりやすく好循環と悪循環のパラレルプロセスを示しています。バイジーのバイザーに対する信頼関係が深ければ深いほど、バイジーはバイザーから受ける態度を（無意識に）模して、利用者に接することになります。したがって、バイザーは、「自分がバイジーに対して示している態度が、バイジーの利用者に対する態度に置き換わる」ことを常に認識している必要があります。パラレルプロセスとは現象であり、起こってしまうものですが、バイザーに先ほどのような認識と適切な支援における態度、あるいは利用者とバイジーへの深い理解があれば、好循環に導くことができます。ここでもバイザーの役割は大変大きいと言えるでしょう。

バイジーの感情への手当て

「人間は感情の動物である」とは言い古された表現です。人間とはすべての行動において感情を伴う生き物であり、その感情は行動の成り行きに決定的な影響を与えます。正の感情は行動にプラスの影響となり、負の感情はその逆となることが多いものです。このため、人は常に気分良く過ごしていきたいと考えていますし、そのためにさまざまな取り組みを日常的にしています。しかし実際には、負の感情を抱くことを避けることは難しく、ときには落ち込んだり、悲しんだり、憎んだりすることがあります。物語でも指摘されているように、感情の高まりを抑えきることは非常に困難で、吐き出すことは、特に負の感情の場合、デトックス（浄化）の効果をもたらすことになります。

読者のみなさんは「バイスティックの7原則」をよくご存じだと思います。この中に「意図的な感情表出」があります。利用者の否定的感情はもちろん、肯定的感情も含めてそれが表現されるような関わりが必要である、といったものです。そして、その対になるかのようにバイスティックは、「統制された情緒的関与」もまた大切であるとしています。「意図的な感情表出」が奏功すると利用者は、それを「聴いてもらった」感覚を欲するため、支援者は「聴きました」と返す必要があります。一方、支援者も人間ですから利用者の話を聴きながらいろいろな感情が湧き出てしまうのですが、それをストレートに表現したのでは利用者の「聴いてもらった」感覚を阻害する恐れがあります。支援者側の感情をいかに「支援的に」伝達するか、支援者の内的コントロールが求められます。

そして、文章における利用者をバイジーに、支援者をバイザーに読み替えてみてください。SVにおけるバイジーとバイザーの関係性が、いかに利用者と支援者のそれと同様であるのかが、よくわかると思います。さきほど見たパラレルプロセスは非常に現実的であり、SVの際、強く意識されることが求められます。

5　日本でSVが普及しない理由

冒頭で、日本の福祉現場にSVが十分に普及していないことを指摘しました。この理由について検討してみることにしましょう。

日本では、SVが普及していないと書きましたが、「SVらしきこと」は、どこの職場にもありふれて見られていることと思います。先輩から後輩への知恵の伝授は日常的でしょうし（教育的機能）、疲れている仲間がいれば互いに励ましあって乗り越えようとするはずです（支持的機能）。また自信をなくしていたり、勤務自体に支障をきたしたりしている場合には、上司が何らかの役割を果たしていることでしょう（管理的機能）。逆に言えば、「SVらしきこと」がない職場は無味乾燥として味気なく、利用者支援の充実を期待できないばかりか、働く場としての将来性にすら疑問が生じます。明るく活気のある職場では、「SVらしきこと」が盛んに行われているはずです。

それでは、ソーシャルワークにおける理論的に裏付けられたSVと、多くの職場で展開されている「SVらしきこと」は、一体何が違うというのでしょうか。また、まがい物ではない正当なSVがなぜ普及しないのでしょうか。ここで少し、検討してみましょう。

理由①：バイザーもバイジーも多忙である

日本の福祉現場において、時間的ゆとりのある職種はまずないといってよいでしょう。ほとんどの職種は出勤から退勤まで、実に多くの業務を効率良くこなすことが求められています。このような中で、ＳＶの実施体制を構築することが、物理的に困難ということです。

また、特にバイザーはほとんどの場合、ＳＶだけをやっていればよいという立場ではないということです。兼務が重なれば、当然多忙に拍車をかけます。職場における職員の負担軽減は、大きな課題です。

理由②：ＳＶの理論的基盤である欧米文化になじめない

日本のソーシャルワークは、最初は米国から取り入れられ、その後、欧州諸国の理論や技術の研究も盛んに行われました。ＳＶも例外ではなく、私たちが知っているＳＶの基礎理論の根底には、欧米文化が色濃く存在しています。

一例をいうと、契約です。形式的に担保されるＳＶは、主に書面による契約を要していますが、私たちにとって、職場内で文書を交わして契約を行うということは一般的ではありません。しかし、契約関係にないＳＶは結局のところ、バイジーとバイザーのさまざまな都合によりズルズルとあいまいなものになっていき、当初想定した内容とは異質なものになりがちです。どれだけ親しい間柄でも、物事をきちんと推し進めていくためには事前の取り決めが重要であり、予定から逸れていかないような準備が必要ですが、私たちの場合、「水くさい」「知っている仲だからわかっている」などの方向に流れていくことが多いのではないでしょうか。

理由③：実力向上のためのトレーニングに、金銭的・物理的負担をする習慣がない

ソーシャルワークが専門的実践技術であることは、何度も述べているとおりです。専門技術であるならば、スポーツや料理、音楽などのように、その技術を維持し、さらに向上させるトレーニングが欠かせないことは明らかです。しかし、伝統的に日本のソーシャルワーカーは、自らの技術向上のために金銭や時間を費やすことをしない傾向、あるいは習慣があります。「トレーニングなしでも何とかなる」「トレーニングをしたって何の役に立つのかわからない」「どこをどう鍛えてよいか知らない」といった声をいやというほど聞きます。それらの声は自らの専門性を否定していることに加えて、一般の市民やほかの専門職に自らの職業を大変価値のないものだと喧伝《けんでん》していることになってしまいます。今、このような間違った習慣を是正することが求められています。

ただし、ケアマネジャーもその他の相談職も、ほかの職種に比べて恵まれた処遇・環境で働いているとは限りませんし、どちらかというと見劣りすると感じている方も多いと思います。処遇改善に向けて自分たちの立場をアピールするとともに、トレーニングのための必要な経費や物理的環境は、職場に求めていくことも必要だと思います。私たちの技術が向上すれば利用者への支援が充実し、ひいては勤務先の業績に貢献できると職場にＰＲすることができれば、トレーニングの重要性

を理解してもらえる可能性が広がります。

バイザーとバイジーの対等な立場

日本におけるSVは福祉関連職場のあり方の影響で、そのほとんどが職場内におけるものとなっています。職場内でSVを行うと、どうしても上司が部下に対して実施することが多くなってしまうため、純粋な対等の関係を保つことは困難であり、上下関係の中でSVが展開してしまうのはある程度やむを得ません。

しかし、本来SVとは、バイザーとバイジーが対等な関係性の中で展開されなければなりません。逆に言えば、対等な関係が保たれないのであればそれはSVとは言えず、職場内における単なる指導や注意になり下がります。

職場内の秩序や慣習を維持しつつ、SVの適切な展開を目指すためのぎりぎりのラインが、「できる限り対等な立場」ではないでしょうか。

もっと知りたい　スーパービジョン

序章で紹介したカデューシンのスーパービジョンの定義をみると、スーパーバイザーは事業所の管理者やその役割を課せられたスタッフが担い、事業所内でスーパービジョンを行うことが想定されているようです。近年では、スーパービジョンを提供する機関も生まれてきており、地域によってはそうした機関からスーパービジョンを受けられるところもあります。しかし、事業所内で、日常的にスーパービジョンを受けられるほうが、ケアマネジャーとしての成長が促進されやすくなると思われます。

ただし、スーパービジョンは、スーパーバイザーが知識や技術を磨くだけでは成立しません。スーパービジョンを受ける側が、上司や先輩とのケースに関する会話の中から「このやりとりを通じて、自分の行っている支援や、自分自身の専門職としての知識・技術・態度（価値）を振り返って、気付きを得よう」という構えがなければ、スーパービジョンは成立しないのです。つまり、スーパーバイジーがスーパービジョン契約に基づきスーパービジョンへ主体的に参加することが重要なのです。

本文の中で、職場内スーパービジョンにおける、文書による契約は、日本では一般的ではないかもしれないとの指摘がありますが、契約（contract）の意味は「2人の異なる人物またはグループ間の正式な合意」（Cambridge Dictionary）ですので、機関の管理者が「私と、あるいは所内カンファレンスで利用者の支援について話をするとき、それはあなたの間違いを指摘したり、あなたを評価するためではなく、その利用者に私たちの機関が最良の支援を行うことを意図して行われる会話だと思ってほしい」と明確に伝える必要があります。そうした合意によって形成されるのが、カデューシンのいう「建設的な関係」だと思うのです。そのような関係において、ケースについて話し合う、スーパービジョンとはそういうものだという意識を全スタッフ間で共有することが必要なのです。

この合意なしに上司が部下とケースについて話をしようとすると、スーパーバイジーとなるはずの部下は、上司から自分の支援の仕方について尋ねられることを「叱られる」「責められる」と感じてしまうでしょう。そうすると、部下は責められることを恐れて本当にスーパービジョンにおいて話し合う必要がある「支援がうまくいかないこと」を隠そうとするでしょう。このような、ガードを固めた姿勢では、支援を、あるいは自分自身を振り返ることはできません。もちろん、スーパーバイザーの支持的（サポーティブ）な態度は大切ですが、スーパーバイジーがスーパーバイザーとのやりとりを通じて自身の支援と、その支援を生み出している自分の判断を見つめ直し、何らかの気づきを得て、それを生かして利用者に最良の支援をしていこうとする構えが必要なのです。

そうしたスーパービジョンを、仕事の一環として活用する文化を機関内につくることで初めて、スーパービジョンの機会が生かされるのです。スーパービジョンで用いられるスキルは、通常の利用者との相談面接で用いられるスキルと変わりありません。コミュニケーションスキルやアセスメント、プランニングの技術を総動員して、スーパービジョンに取り組んでみましょう。最初はうまくいかないかも知れませんが、それでも繰り返し取り組んでいくことで、機関内にスーパービジョンが定着していくことが大切だと思います。

【もっと知りたい人のために】

◎奥川幸子監修／河野聖夫著『スーパービジョンへの招待――「OGSV（奥川グループスーパービジョン）モデル」の考え方と実践』中央法規出版、2018年
◎日本福祉大学スーパービジョン研究センター監修／大谷京子、山口みほ編著『スーパービジョンのはじめかた――これからバイザーになる人に必要なスキル』ミネルヴァ書房、2019年
◎野村豊子、汲田千賀子、照井孫久編著『高齢者ケアにおけるスーパービジョン実践――スーパー

バイジー・スーパーバイザーの育成のために』ワールドプランニング、2019年
◎福山和女、渡部律子、小原眞知子、浅野正嗣、佐原まち子編著『保健・医療・福祉専門職のためのスーパービジョン――支援の質を高める手法の理論と実際』ミネルヴァ書房、2018年
◎山崎美貴子監修／明治学院大学山崎美貴子ゼミソーシャルワーク勉強会著『ソーシャルワーカーの成長を支えるグループスーパービジョン――苦しみやつまずきを乗り越えるために』中央法規出版、2018年

あとがきにかえて

―なぜ、「ケアマネジャーのためのソーシャルワーク実践」なのか―

本書の誕生のいきさつに触れてみたいと思います。ことの発端は、第一法規の編集部の方々とのやりとりでした。編集部のみなさんは大変熱心な方々で、私たちの仕事に非常に大きな関心を寄せていただいています。いわく、「ケアマネジャーの仕事とは、結局、何をどうすべきものなのか」と。介護保険制度で定められたケアマネジメントの意味を理解し、実際に現場でどのように行うかを考えるとき、この疑問は大変奥が深いものとなります。そして、その奥が深い「ケアマネジャーの仕事」のやり方、つまり実践の方法について、広くケアマネジャーのみなさんにお伝えしたいと考えるようになり、筆者と同様に利用者の幸せを願い、毎日悩み、考えているみなさんの姿を思い浮かべながら、本書に取り組み始めました。

序章で述べられているとおり、ケアマネジメントはソーシャルワークの一手法であり、現代のソーシャルワークモデルの最も有力なものの一つである「ジェネラリストソーシャルワーク」の重要な要素です。したがって、ケアマネジメント実践で用いる技術はソーシャルワーク実践のそれと重なるところが大きいと言えるわけです。ケアマネジメントの「やり方」が上手になるためには、ソーシャルワークの技術を向上させることが必要不可欠であり、唯一無二の方法であるため、本書ではソーシャルワークの実践に関するさまざまな内容や概念を軸として技術論を展開しています。

また、タイトルの「物語（ナラティブ）」には、「物語を紡いで、利用者に寄り添う」という思いを込めています。本書に登場する利用者の語りを物語として捉え、奮闘しているケアマネジャーとともにその利用者に寄り添っていただければと思います。

私たちケアマネジャーは日々東奔西走しています。本書はそんなケアマネジャーの応援のためのものであり、「利用者のためにケアマネジメントが上手にできるようになりたい」と切望するケアマネジャーの背中を押す、いわば「ケアマネ支援ブック」になれば幸いです。また、この場を借りて著者の福富昌城先生、佐賀由彦さん、取材に協力いただいた和歌山県介護支援専門員協会および会員の青木晴彦さん、川口浩之さん、竹本幸恵さん、並木弘子さん、崎山賢士さん、制作を進めていただいた第一法規編集第三部の小倉朋子さん、池野暁士さんに感謝申し上げます。

最後にこんなメッセージをご紹介します。

「私は現在ケアマネジャーの業務を行っている。中学生の頃にケアマネジャーに憧れ、ケアマネジャーになるのが、私と母の夢であった。そのため、今後もケアマネジャーを続けていく意志は変わらない」

これは、森川ゆかりさんという現役ケアマネジャーが2016年に書かれたメッセージです。最近、私はあらためて連絡を取り、先ほどのメッセージの話をして現在の思いを尋ねてみると森川さんは次のように答えてくれました。

「当時の気持ちのまま、利用者支援を行っていきたいという思いに変わりはありません。今後も勉強を重ね、利用者の自己決定を支援していきたいです。以前よりも意識していることといえば、利用者を尊重し信頼関係を築き上げていくことです。信頼がなければ利用者や家族の本心は語ってもらえないので、しっかり傾聴する姿勢を大切にして、丁寧な態度や言葉で接することを意識しています。今後も真摯に利用者の心と向き合っていきたいと思っています」

「真摯に利用者の心と向き合っていきたい」、これは全国のケアマネジャーに共通した思いではないでしょうか。

ここまで記してきて私の携帯電話が鳴りました。私が担当する利用者さんからです。

「ちょっと聴いてほしいことがあるんやけど……」

私たちには、私たちを待っている利用者さんがいます。人生の苦難を抱えてもがいているかもしれません。私たちがケアマネジメントの技術に磨きをかけ、そんな苦難に利用者とともに向き合っていけるとするならば、これほど魅力的な職業はありません。ケアマネジメントの無限の可能性を信じましょう。頑張ろう、全国のケアマネジャー!!

2022年10月　小長谷　恭史

参考文献

序章　ケアマネジメントとソーシャルワーク

◎岡村重夫『社会福祉原論』全国社会福祉協議会、１９８３年
◎奥川幸子「困難事例を作り出さないために」『ケアマネジャー』第4巻12号、２００２年
◎埼玉県立大学編集『ＩＰＷを学ぶ――利用者中心の保健医療福祉連携』中央法規出版、２００９年
◎白澤政和『ケースマネージメントの理論と実際』中央法規出版、１９９２年
◎白澤政和『ストレングスモデルのケアマネジメント』ミネルヴァ書房、２００９年
◎ステファン・Ｍ・ローズ編／白澤政和、渡部律子、岡田進一監訳『ケースマネージメントと社会福祉』ミネルヴァ書房、１９９７年
◎全米ソーシャルワーカー協会編／日本ソーシャルワーカー協会訳『全米ソーシャルワーカー協会　ソーシャルワーク実務基準および業務指針』相川書房、１９９７年
◎竹内孝仁『TAKEUCHI 実践ケア学　ケアマネジメント』医歯薬出版、１９９６年
◎チャールズ・Ａ・ラップ著／江畑敬介監訳『精神障害者のためのケースマネージメント』金剛出版、１９９８年
◎チャールズ・Ａ・ラップ、リチャード・Ｊ・ゴスチャ著／田中英樹監訳『ストレングスモデル――リカバリー志向の精神保健福祉サービス〔第3版〕』金剛出版、２０１４年

◎筒井孝子『地域包括ケアシステム構築のためのマネジメント戦略』中央法規出版、２０１４年
◎西梅幸治、西内章、鈴木孝典、住友雄資「インタープロフェッショナルワークの特性に関する研究――関連概念との比較をとおして」『高知女子大学紀要 社会福祉学部編』第60巻、２０１１年
◎日本社会福祉教育学校連盟監修『ソーシャルワーク・スーパービジョン論』中央法規出版、２０１５年
◎ブレンダ・デュボア、カーラ・K・マイリー著／北島英治監訳、上田洋介訳『ソーシャルワーク――人々をエンパワメントする専門職』明石書店、２０１７年
◎ルイーズ・C・ジョンソン、ステファン・J・ヤンカ著／山辺朗子、岩間伸之訳『ジェネラリスト・ソーシャルワーク』ミネルヴァ書房、２００４年
◎渡部律子『高齢者援助における相談面接の理論と実際（第2版）』医歯薬出版、２０１１年
◎渡部律子「ソーシャルワークにおけるアセスメントの意義」『人間福祉学研究』第６巻第１号、２０１３年
◎渡部律子『福祉専門職のための統合的・多面的アセスメント』ミネルヴァ書房、２０１９年

第1章　利用者&利用者家族との面接・アセスメント

Lecture

◎岩間伸之『対人援助のための相談面接技術――逐語で学ぶ21の技法』中央法規出版、２００８年
◎奥川幸子『身体知と言語――対人援助技術を鍛える』中央法規出版、２００７年
◎白澤政和監修、社団法人大阪介護支援専門員協会編『改訂　介護支援専門員のためのスキルアップテキス

ト　専門研修課程Ⅰ対応版』中央法規出版、２０１０年
◎竹内孝仁『ケアマネジメントの職人　竹内式ケアマネジメント技術論　完全版』年友企画、２００７年
◎中央法規出版編集部編『六訂　社会福祉用語辞典』中央法規出版、２０１２年
◎渡部律子『高齢者援助における相談面接の理論と実際　第２版』医歯薬出版、２０１１年

もっと知りたい

◎シヴォーン・マクリーン、ロブ・ハンソン著／木全和巳訳『パワーとエンパワメント』クリエイツかもがわ、２０１６年

第２章　サービスの調整・多職種との連携

Lecture

◎田村次朗、一色正彦、隅田浩司『ビジュアル解説　交渉学入門』日本経済新聞出版社、２０１０年
◎野沢聡子『大学生のための交渉術入門』慶應義塾大学出版会、２０１７年

もっと知りたい

◎カレル・Ｂ・ジャーメイン、アレックス・ギッターマン／田中禮子、小寺全世、橋本由紀子監訳『ソーシャルワーク実践と生活モデル（上）』ふくろう舎、２００８年

第3章　地域資源の活用・開発

Lecture

◎上野谷加代子、松端克文、永田祐編著『新版　よくわかる地域福祉』ミネルヴァ書房、２０１９年
◎小田兼三、京極高宣、桑原洋子『現代福祉学レキシコン〈第二版〉』雄山閣出版、１９９８年
◎公益社団法人日本社会福祉士会編『社会を動かすマクロソーシャルワークの理論と実践――あたらしい一歩を踏み出すために』中央法規出版、２０２１年
◎厚生労働省ホームページ「地域包括ケアシステム」
https://www.mhlw.go.jp/stf/seisakunitsuite/bunya/hukushi_kaigo/kaigo_koureisha/chiiki-houkatsu/
◎社会福祉士養成講座編集委員会編『新・社会福祉士養成講座８　相談援助の理論と方法Ⅱ　第３版』中央法規出版、２０１５年
◎全国社会福祉協議会、地域福祉推進委員会、全国ボランティア・市民活動振興センター「社会福祉協議会活動実態調査等報告書２０１８」２０２０年
◎中央法規出版編集部編『六訂　社会福祉用語辞典』中央法規出版、２０１２年
◎野村総合研究所「平成24年度セーフティネット支援対策等事業費補助金（社会福祉推進事業分）コミュニティソーシャルワーカー（地域福祉コーディネーター）調査研究事業　報告書」２０１３年
◎東雄司、江畑敬介監修　伊勢田堯、小川一夫、百溪陽三編『みんなで進める精神障害リハビリテーション――日本の５つのベストプラクティス』星和書店、２００２年

もっと知りたい

◎岩間伸之『支援困難事例と向き合う――18事例から学ぶ援助の視点と方法』中央法規出版、2014年

◎カレル・B・ジャーメイン、アレックス・ギッターマン／田中禮子、小寺全世、橋本由紀子監訳『ソーシャルワーク実践と生活モデル（上）』ふくろう舎、2008年

第4章　高齢者の権利擁護

Lecture

◎加藤尚武『現代倫理学入門』講談社学術文庫、1997年

第5章　ケアマネジャーのスーパービジョン

Lecture

◎一般社団法人日本ソーシャルワーク教育学校連盟編『最新　社会福祉士養成講座　精神保健福祉士養成講座12　ソーシャルワークの理論と方法［共通科目］』中央法規出版、2021年

◎福山和女、渡部律子、小原眞知子、浅野正嗣、佐原まち子編著『保健・医療・福祉専門職のためのスーパービジョン――支援の質を高める手法の理論の実際』中央法規出版、2018年

著者紹介

福富　昌城（ふくとみ　まさき）　序章、第1章～第5章　**もっと知りたい**

同志社大学大学院（修士課程）文学研究科社会福祉学専攻修了。社会福祉法人聖徳園にてデイサービス、在宅介護支援センター勤務ののち、京都保育福祉専門学院、滋賀文化短期大学を経て、2001年から花園大学勤務。日本ケアマネジメント学会副理事長、京都府介護支援専門員会顧問、京都社会福祉士会相談役、京都市高齢者施策推進協議会会長、京都市高齢者虐待事例研究会座長などを務める。著書は、『九訂　介護支援専門員基本テキスト』長寿社会開発センター（編集委員、共著）など。

小長谷　恭史（おばせ　みつひと）　第1章～第5章　**Narrative**（解説）、第1章～第5章　**Lecture**

佛教大学社会学部社会福祉学科卒。社会福祉士、主任介護支援専門員。和歌山高齢者生活協同組合・居宅介護支援事業所「シニアCOOP和歌山北ケアプランセンター」勤務。そのほか、和歌山社会福祉専門学校にて非常勤講師、一般社団法人和歌山県介護支援専門員協会副会長を務める。著書は、『ケアマネジャーのための　困りごと相談ハンドブック』新日本法規出版（共著）など。

佐賀　由彦（さが　よしひこ）　第1章～第5章　**Narrative**（本文）

早稲田大学社会科学部卒業。ジャーナリスト。主に、医療・介護関連書籍の編集・執筆、映像の脚本・演出を行う。全国の医療・介護の現場を回り、インタビューを重ねながら、当事者たちの喜びや苦悩を文章や映像で綴り続けている。創刊から15年間編集部のメンバーを務めた「月刊ケアマネジャー」（中央法規出版）で連載中の「紡ぐ物語」は225回を超える。

サービス・インフォメーション

通話無料

①商品に関するご照会・お申込みのご依頼
TEL 0120(203)694／FAX 0120(302)640
②ご住所・ご名義等各種変更のご連絡
TEL 0120(203)696／FAX 0120(202)974
③請求・お支払いに関するご照会・ご要望
TEL 0120(203)695／FAX 0120(202)973

●フリーダイヤル(TEL)の受付時間は、土・日・祝日を除く9:00～17:30です。
● FAXは24時間受け付けておりますので、あわせてご利用ください。

ささえる・つながる・ひろがる　物語（ナラティブ）で学ぶ
ケアマネジャーのためのソーシャルワーク実践

2022年11月5日　初版発行

編　　著　福　富　昌　城
　　　　　小長谷　恭　史
編集協力　佐　賀　由　彦
取材協力　一般社団法人和歌山県介護支援専門員協会
発 行 者　田　中　英　弥
発 行 所　第一法規株式会社
　　　　　〒107-8560　東京都港区南青山2-11-17
　　　　　ホームページ　https://www.daiichihoki.co.jp/
装　　丁　篠　　隆　二

ケアマネ SW　ISBN 978-4-474-07776-8　C2036 (8)